452

1 2 5

PETIT COURS

D'INSTRUCTION MORALE

SUIVI

D'ÉNONCÉS DE DEVOIRS DE RÉDACTION

ET D'UN

RECUEIL DE PENSÉES

PROPRES A ÊTRE DÉVELOPPÉES ORALEMENT ET PAR ÉCRIT

PAR

L. PONCELET,

DIRECTEUR D'ÉCOLE

Ouvrage orné de nombreuses vignettes

NOUVELLE EDITION
CONFORME AUX PROGRAMMES OFFICIELS

Il faut charger sa mémoire de pensées
morales ; elles servent de lest dans le
cours de la vie.

◆✕◆

LIBRAIRIE J. WINLING
8, Rue du Palais, 8
CHARLEVILLE (Ardennes)

—

Sedan, 1886, Médaille de Vermeil. — La Capelle, 1893, Médaille d'Argent.
Lyon, 1894, Médaille d'Or.

Tout exemplaire de cet ouvrage non revêtu de ma grille sera réputé contrefait.

Enfants,

J'ai essayé de faire pour votre usage, et afin de vous aider dans la préparation à l'examen du certificat d'études, un tout petit livre qui n'a qu'une ambition : vous être utile.

Etudiez-en avec confiance les divers chapitres ; vous n'y trouverez aucune expression que vous ne puissiez aisément comprendre. Une expérience déjà longue de l'enseignement m'a d'ailleurs convaincu que la simplicité dans les termes, la clarté dans l'exposition, la division du texte en paragraphes suffisamment nombreux, rendent accessibles à ceux de votre âge les vérités de la morale, beaucoup mieux que ne pourraient le faire de longues et savantes dissertations sur les devoirs des hommes en général, et sur ceux des enfants en particulier.

Aidés des conseils de vos excellents maîtres, attentifs aux explications qu'ils ne manqueront pas de vous donner, vous vous assimilerez facilement les notions d'une science que tous s'accordent à regarder comme indispensable pour la conduite de la vie.

N'oubliez pas, en effet, que l'application des principes de morale fera de vous, si vous le voulez sérieusement, des jeunes gens attachés à leurs devoirs, des ouvriers laborieux et économes, des citoyens dévoués à leur patrie, d'honnêtes pères de famille.

Puisse cet opuscule que je vous dédie, et dont j'ai recueilli un peu partout les éléments, contribuer au développement de votre raison, et vous inspirer en même temps de bonnes et fermes résolutions pour le présent et pour l'avenir!

L'Auteur.

PETIT COURS
D'INSTRUCTION MORALE

NOTIONS SOMMAIRES SUR L'AME, LA MORALE ET LE DEVOIR

I. — De la nature humaine.

SOMMAIRE. — 1. L'homme. — 2. Le corps, partie matérielle de l'homme. — 3. En quoi l'homme ressemble à l'animal. — 4. L'âme, principe du sentiment, de la pensée et des mouvements volontaires.

1. — L'homme est composé de deux parties, le **corps** et l'**âme**.

2. — Le **corps** est la partie matérielle de l'homme, celle qui subit les impressions physiques, telles que le chaud, le froid, la faim, la soif, la fatigue, la douleur, etc.

3. — L'homme ressemble à l'animal par le corps : comme l'animal, il a un estomac pour digérer les aliments, un cœur d'où s'échappe le sang qui parcourt ses organes, des poumons qui reçoivent l'air, sans lequel la vie serait impossible.

4. — L'**âme** est la substance raisonnable qui vit dans le corps et le dirige. Elle est le principe du sentiment, de la pensée et des mouvements volontaires;

c'est par elle que l'homme conçoit, juge, raisonne, aime, déteste, craint, espère, choisit et veut.

RÉSUMÉ. — Nous sommes composés d'un corps et d'une âme. Le corps est la partie matérielle de l'homme, celle qu'on peut voir, sentir et toucher. L'âme est la partie invisible qui sent, pense et veut. Le corps est le serviteur de l'âme.

II. — Des facultés de l'âme.

SOMMAIRE. — 1. Qu'appelle-t-on faculté ? — 2. Les trois facultés essentielles de l'âme. — 3. L'intelligence. — 4. La sensibilité. — 5. La volonté. — 6. Qu'est-ce que la psychologie ?

1. — On appelle **faculté** le pouvoir que possède l'âme d'agir ou de produire des effets.

2. — Les trois facultés essentielles de l'âme, ou facultés morales, sont: **l'intelligence**, la **sensibilité**, la **volonté**.

3. — **L'intelligence**, appelée aussi **entendement**, est la faculté de **penser**; c'est elle qui nous donne le moyen d'apprendre ce que nous devons savoir; c'est par elle que l'homme peut connaître sa nature, son origine, sa fin et les moyens d'y parvenir.

4. — **La sensibilité** est la faculté d'**aimer** tout ce qui est **beau**, tout ce qui est **bon**, de **haïr** tout ce qui est **mal**; c'est elle qui nous inspire des sentiments d'affection pour tout ce que nous devons chérir, comme la famille, la patrie, etc.

5. — La **volonté** est la faculté de se diriger **librement**, c'est-à-dire que l'homme, dès qu'il agit librement, sent qu'il est maître de lui-même, et qu'il dépendrait de lui de ne pas agir ou d'agir autrement.

6. — La science qui étudie les facultés de l'âme s'appelle la **Psychologie**.

RÉSUMÉ. — Les trois principales facultés de l'âme sont : l'intelligence, la sensibilité et la volonté. Grâce à l'intelligence, l'homme apprend ce qu'il ignore ; la sensibilité lui permet d'aimer ou de haïr ; c'est la volonté qui le fait agir librement.

III. — De la morale.

1. — La **morale** est la **science du devoir** : elle a pour but de diriger la volonté, de former l'âme à la vertu, c'est-à-dire de donner à l'homme la force de faire toujours le bien et d'éviter le mal.

2. — L'homme distingue le bien du mal au moyen de la conscience.

3. — La conscience est la connaissance du bien moral et de l'obligation où nous sommes de l'accomplir ; c'est la lumière naturelle de la raison montrant à l'homme ce qu'il doit faire et ce qu'il doit éviter.

4. — Le **bien moral** est l'ensemble des actes qui permettent à l'homme d'atteindre le but pour lequel il a été créé : ce but est une perfection relative, un développement des facultés qui rend l'homme meilleur et plus digne de l'estime de ses semblables.

5. — **Travailler** est un bien, parce qu'il est conforme à la destinée d'un être intelligent d'acquérir des connaissances, et qu'il n'est pas d'instruction possible sans travail. — Au contraire, la **paresse** est un mal, parce que le paresseux ne peut s'instruire, et qu'il est dans la nature de l'homme de connaître, ou du moins de chercher à connaître la vérité.

RÉSUMÉ. — La morale est la science du devoir. Nous devons faire le bien et éviter le mal. C'est la conscience qui juge nos actions ; elle les approuve quand elles sont bonnes et les blâme quand elles sont mauvaises. — J'écouterai toujours la voix de ma conscience.

IV. — Du devoir.

4. Personnes chargées spécialement de l'éducation morale des enfants.

1. — Le **devoir** est l'obligation où nous sommes d'obéir à notre raison et à notre conscience, c'est-à-dire de pratiquer le bien et d'éviter le mal. Aimer nos parents, notre patrie, l'humanité tout entière, respecter la propriété d'autrui, donner le bon exemple à ceux qui nous entourent, sont autant de formes du devoir.

2. — Pour que l'homme ait une notion exacte de ses différents devoirs, il faut que, dès l'enfance, il reçoive une bonne **éducation morale**.

3. — L'**Education morale** consiste dans le développement des facultés de l'âme. Elle a pour objet de faire produire à l'intelligence et à la volonté la plus grande somme de bien possible, de former le cœur de l'homme aux sentiments élevés, de lui permettre de vivre en société, de remplir ses devoirs envers les autres hommes, envers lui-même et envers Dieu, en un mot d'accomplir sa destinée.

4. — Les personnes chargées spécialement de l'éducation morale des enfants sont, avant tout, les parents, ensuite les maîtres délégués par les familles et par l'Etat, représentant la société.

RÉSUMÉ. — Aimer ses parents, sa patrie, l'humanité, respecter le bien d'autrui, être juste et charitable, c'est faire son devoir. L'homme qui a reçu une bonne éducation morale connaît bien ses devoirs.

Lecture et Récitation

L'homme garde en son âme, ô privilège auguste,
Le sentiment profond du juste et de l'injuste ;
Sa conscience est là qui, ne flattant jamais,
A ses égarements ne laisse aucune paix.
Il sent que tout son moi n'est point une humble
Rabaissée au niveau de la poussière vile ;   [argile
Que, sous le joug des sens, loin de vivre enchaîné,
A l'instinct de la brute il n'est point condamné.
Entre le bien qu'il aime et le mal qu'il redoute,
Libre dans sa pensée, il peut choisir sa route.

PAILLET DE PLOMBIÈRES.

V. — Division des devoirs.

SOMMAIRE. — 1. Comment se partagent nos devoirs ? — 2. Que comprend le groupe des devoirs envers les autres ?

1. — Nos devoirs se partagent en trois groupes :
Les devoirs envers les autres ;
Les devoirs envers nous-mêmes ;
Les devoirs envers Dieu.

2. — Le groupe des devoirs envers les autres comprend :

1° Les devoirs dans la famille, c'est-à-dire envers les père et mère, les frères et sœurs et les proches parents ;

2° Les devoirs envers les supérieurs ;

3° Les devoirs envers les inférieurs ;

4° Les devoirs envers le prochain, quel qu'il soit.

DEVOIRS ENVERS LES PÈRE ET MÈRE

VI. — De l'amour filial.

SOMMAIRE. — 1. La famille. — 2. De quelles personnes elle se compose pour l'enfant. — 3. Principaux devoirs de l'enfant envers ses père et mère. — 4. Pourquoi un enfant doit aimer ses parents. — 5. L'amour filial, sentiment naturel. — 6. Quand doit-il surtout se manifester ? — 7. Que penser de celui qui abandonne ses père et mère malheureux ?

1. — La **famille** est l'ensemble des personnes unies par les liens du sang.

2. — Pour l'enfant, la famille se compose de ses père et mère, de ses grands-parents, de ses frères et sœurs.

3. — Les principaux devoirs de l'enfant envers ses père et mère sont l'**amour**, le **respect** et l'**obéissance**.

1*

4. — Un enfant doit aimer ses parents parce que ceux-ci l'aiment de tout leur cœur, parce qu'ils l'élèvent avec sollicitude et pourvoient à tous ses besoins.

5. — L'amour des enfants pour leurs parents se nomme **amour filial**. C'est un des sentiments les plus naturels que nous puissions éprouver : il est bien

C'est surtout quand nos parents sont malades que nous devons les entourer de soins affectueux.

naturel et bien doux, en effet, d'aimer ceux qui, comme nos parents, nous donnent à chaque instant des preuves de leur amour.

6. — C'est surtout quand les parents sont malades ou accablés par les infirmités que les enfants doivent les entourer de soins affectueux, et leur rendre les bienfaits qu'ils en ont reçus dans les premiers temps de la vie.

7. — Celui qui abandonne ses père et mère malheureux ou qui les maltraite dans leur vieillesse est un
misérable, un véritable criminel, qui mérite d'être
plus tard abandonné à son tour.

RÉSUMÉ. — Mon père, ma mère, mes frères, mes sœurs
composent ma famille. Mes parents m'aiment, me soignent,
me donnent tout ce dont j'ai besoin — Je les aimerai de tout
mon cœur, je les soignerai quand ils seront malades. Je ne serai
pas un ingrat

Il est bien naturel et bien doux d'aimer nos parents qui nous donnent
tant de preuves de leur amour.

Lecture

L'Académie française a décerné en 1879 un prix
Monthyon à une jeune fille, Mlle Léontine Nicolle,
qui s'est signalée par son amour filial.

Née dans une situation modeste, Mlle Nicolle avait
perdu son père; peu de temps après, sa mère devint
folle. On l'enferma à la Salpêtrière, un de ces asiles
où l'on recueille ceux qui ont perdu la raison. Sans
doute, sa mère eût été là l'objet de soins éclairés; rien

ne lui eût manqué de ce qui peut rendre supportable la vie de ces infortunés que le destin a si cruellement frappés.

Mais quoi ? il fallait s'en séparer, dire pour toujours adieu à celle qui l'avait nourrie de son lait, qui l'avait élevée avec tant de soin, qui s'était dévouée pour elle dans son enfance ! — Non, il n'en saurait être ainsi. Mlle Nicolle prend une résolution sublime. Jeune, libre, ayant quelque aisance, mais décidée à tout sacrifier pour sa mère chérie, elle sollicite et obtient l'autorisation d'entrer comme surveillante dans cette triste maison où sa mère entre comme malade : là, du moins, au milieu des fous et des folles, elle pourra soigner celle qu'elle aime par-dessus tout, se dévouer jour et nuit pour adoucir son malheureux sort.

C'est ce qu'elle a fait pendant vingt-sept ans, sans avoir même la consolation d'être reconnue de celle pour qui elle se sacrifiait ; mais trouvant dans son cœur la plus douce et la plus enviable des récompenses : le plaisir de faire du bien à ceux qu'on aime.

VII. — Du respect dû aux père et mère.

SOMMAIRE. — 1. En quoi consiste le respect filial. — 2. Dans quel sentiment il a sa source. — La loi française. — 3. Que penser d'un enfant peu respectueux à l'égard de ses parents ? — 4. Avantages qui résultent pour l'enfant de l'habitude de respecter ses père et mère. — 5. Résolution.

1. — Le **respect** dû à nos père et mère consiste à ne point les traiter avec familiarité, à leur parler poliment, à ne pas discuter avec eux, à témoigner en toute occasion que nous les honorons à cause de leur expérience, de leur âge, et surtout pour les bienfaits dont ils nous comblent chaque jour.

2. — Le respect filial a sa source dans l'amour filial : on respecte toujours ceux qu'on aime véritablement. D'ailleurs la loi française recommande aux enfants le respect des parents. L'article 371 du Code

civil porte, en effet, que « l'enfant à tout âge doit honneur et respect à ses père et mère ».

3. — Un enfant peu respectueux à l'égard de ses parents prouve qu'il ne les aime guère et qu'il oublie trop facilement la distance qui le sépare de ses père et mère : il y a lieu de craindre qu'il ne respecte ni les personnes chargées de son éducation, ni, plus tard, les lois de son pays, ni ceux qui les appliquent, ni même ses propres enfants, s'il est appelé à devenir père de famille.

4. - Au contraire, l'enfant respectueux envers ses parents s'habitue à respecter ceux qui l'entourent, il se fait aimer de tout le monde et se prépare à devenir un bon citoyen, un bon père de famille, que ses enfants respecteront à leur tour.

5. — Un enfant doit donc prendre de bonne heure la résolution de respecter toute sa vie, et quoi qu'il arrive, les auteurs de ses jours.

RÉSUMÉ. — Mes parents sont plus âgés que moi et je leur dois tout. — Je les respecterai : je leur parlerai poliment ; je ne les traiterai pas familièrement ; je ne discuterai pas avec eux ; j'écouterai toujours leurs conseils.

VIII. — De l'obéissance filiale.

SOMMAIRE. — 1. L'obéissance filiale, troisième devoir des enfants. — 2. Pourquoi les enfants doivent obéir à leurs parents. — 3. L'obéissance est une preuve d'amour filial. — 4. Il est de l'intérêt des enfants d'obéir à leurs parents. — 5. L'obéissance aux parents dispose à l'obéissance à la loi morale et aux lois de son pays.

1. — Le troisième devoir des enfants envers leurs parents est l'**obéissance**.

2. — Les enfants doivent obéir à leurs parents :

1° Parce qu'en obéissant à leurs parents, ils donnent la preuve qu'ils les aiment ;

2° Parce que c'est leur intérêt d'obéir à leurs parents ;

3° Parce que l'habitude de l'obéissance aux parents

dispose à l'obéissance à la loi morale et aux lois de
son pays, auxquelles il faudra se soumettre un jour.

3. — L'obéissance aux parents est une preuve
de l'amour qu'on leur porte, parce qu'on n'obéit
volontiers qu'à ceux qu'on aime, que désobéir à ses
parents, c'est leur causer du chagrin, et qu'un enfant
qui aime ses parents évite de leur faire de la peine.

4. — Il est aussi de l'intérêt de l'enfant d'obéir à
ses parents. En effet, abandonné à lui-même, l'enfant
ne pourrait se suffire ; privé des lumières d'une raison

La mère prend soin de ses enfants dès leur plus tendre jeunesse.

qui se développe par l'expérience, il serait exposé à
faire toutes sortes d'actions nuisibles à sa santé : il
est donc nécessaire que sur lui veillent des personnes
qui lui indiquent à chaque instant ce qu'il doit faire
et ce qu'il doit éviter. Ces personnes sont d'abord la
mère, qui prend soin de lui dans sa plus tendre enfance, puis le père qui, plus tard, initiera son fils à la
pratique de la vie, qui lui apprendra le travail, lui
donnera des notions sur la manière de se conduire
dans le monde, s'efforcera de préparer en lui un honnête homme et un bon citoyen.

5. — L'obéissance étant une vertu qui se développe
par l'effort et l'habitude, l'enfant qui, dans la famille,
se fait une loi d'obéir, qui, même intérieurement, ne

discute pas les ordres de ses parents, qui sait aller au-devant de leurs désirs, obéira plus facilement qu'aucun autre aux prescriptions de sa conscience et, plus tard, aux lois de son pays ; il comprendra sans peine que si les parents ont le droit de commander, les enfants ont le devoir d'obéir, et que, sans l'obéissance, la famille et la société seraient également impossibles.

RÉSUMÉ. — Mes parents ont beaucoup d'expérience ; ils savent mieux que moi ce que je dois faire ; ils ont le droit de me commander. — Je leur obéirai promptement, entièrement, volontairement.

IX. — Des qualités de l'obéissance filiale.

SOMMAIRE. — 1. Ce que doit être l'obéissance filiale. — 2. En quoi consiste la promptitude dans l'obéissance. — 3. Qu'est-ce que l'obéissance entière ? — 4. L'obéissance absolue ? — 5. L'obéissance volontaire ?

1. — **L'obéissance filiale** doit être **prompte, entière, absolue, volontaire.**

2. — La **promptitude** dans l'obéissance consiste à obéir aussitôt que l'ordre est donné. Elle fait plaisir aux parents et indique généralement chez l'enfant une excellente disposition de l'esprit et du cœur.

3. — L'obéissance **entière** est celle qui s'étend à tout ce que commandent les parents : un enfant doit obéir dans les petites choses aussi bien que dans celles d'une plus grande importance.

4. — L'obéissance **absolue** est celle de l'enfant qui exécute les ordres de ses parents sans les discuter, uniquement parce que ce sont les ordres de ses parents. Un enfant qui ne comprend pas bien la raison de ce que lui ordonne son père ou sa mère, doit obéir quand même. D'ailleurs, l'obéissance suppose la reconnaissance du droit des père et mère à commander : faire une chose parce qu'on la juge conforme à la raison, ce n'est plus obéir.

5. — L'obéissance volontaire est l'obéissance du cœur ; c'est celle de l'enfant qui fait avec joie ce qu'on lui commande, non pas seulement parce qu'il lui est agréable de le faire, mais parce qu'il sait que ses parents ont sur lui une autorité légitime.

RÉSUMÉ. — J'obéirai promptement, c'est-à-dire aussitôt que l'ordre sera donné. J'obéirai entièrement, c'est-à-dire que je ferai tout ce qui me sera commandé. J'obéirai volontairement, c'est-à-dire que je n'agirai pas par crainte, mais parce que mon cœur me le dira.

X. — De la reconnaissance filiale.

SOMMAIRE. — 1. Sentiment naturel de gratitude envers les parents. — 2. En quoi consiste la reconnaissance ? — 3. Nos parents sont nos premiers bienfaiteurs. — 4. Comment nous pouvons leur témoigner notre reconnaissance. — 5. L'ingratitude.

1. — Non seulement un enfant doit aimer ses parents, les respecter et leur obéir ; mais il est naturel qu'en considérant les nombreux bienfaits qu'il en reçoit chaque jour, il éprouve à leur égard un sentiment de gratitude qui le porte à la **reconnaissance**.

2. — La reconnaissance consiste d'abord à garder un souvenir fidèle des bienfaits qu'on a reçus, ensuite à faire tout ce qui dépend de soi pour s'acquitter envers ses bienfaiteurs.

3. — Nos parents étant nos premiers bienfaiteurs, c'est à eux que nous devons la plus grande reconnaissance.

4. — Nous accomplirons notre devoir de reconnaissance envers nos parents en nous efforçant de leur rendre des services équivalents à ceux qu'ils nous ont rendus. Nous les aiderons dans leurs travaux de chaque jour ; comme ils nous ont soignés et nourris dans notre enfance, nous les soignerons dans leur vieillesse, nous les nourrirons si, par malheur, ils tombent dans la misère ; nous nous dévouerons s'il

le faut, et, pour leur rendre la vie moins dure, nous serons prêts à tous les sacrifices.

5. — Le sentiment opposé à la reconnaissance est l'**ingratitude** ; c'est le plus méprisable de tous les

Nous soignerons nos parents dans leur vieillesse comme ils nous ont soignés dans notre enfance.

vices, qui fait considérer comme un être vil l'enfant qui s'en rend coupable.

RÉSUMÉ. — Mes parents me comblent chaque jour de bienfaits. Je leur dois la vie, la santé ; ils me font instruire et plus tard ils m'apprendront à travailler. — Je leur en serai reconnaissant. Je les aiderai dans leurs travaux ; je les soignerai quand ils seront vieux ou malades, et je ne commettrai pas d'action dont ils auraient à rougir.

XI. — Devoirs envers les frères et sœurs.

SOMMAIRE. — 1. Principaux devoirs envers nos frères et sœurs. — 2. Pourquoi nous devons les aimer. — 3. Les assister dans leurs besoins. — 4. Les consoler dans leurs peines. — 5. Leur donner le bon exemple. — 6. Devoirs particuliers au frère aîné. — 7. A quoi sont obligés les plus jeunes. — 8. Ce que doivent faire les aînés à la mort des parents. — 9. Défauts à éviter, vertus à pratiquer dans les relations des frères et sœurs entre eux. — 10. Pardonnons à notre frère, s'il nous a offensé.

Nous consolerons nos frères et sœurs dans leurs peines, afin de leur donner un gage de notre affection.

1. — Nos principaux devoirs envers nos frères et sœurs sont de les **aimer**, de les **assister** dans leurs besoins, de les **consoler** dans leurs peines et de leur **donner le bon exemple.**

2. — Nous devons les aimer, parce qu'ils ont la

même origine que nous, et afin de faire plaisir à nos parents, qui sont toujours sensibles à la sympathie qu'on témoigne à leurs enfants.

3. — Nous devons les assister dans leurs besoins : 1° pour obéir au grand précepte de la charité; 2° parce

Les aînés doivent faciliter à leurs parents la tâche d'élever leurs plus jeunes frères.

qu'il est naturel d'aider ceux qu'on aime ; 3° parce qu'en agissant ainsi nous mériterons qu'ils nous aident à leur tour, si l'occasion s'en présente.

4. — Nous les consolerons dans leurs peines, afin de leur donner un gage de notre affection et de resserrer les liens qui nous unissent à eux.

5. — Enfin nous leur donnerons le bon exemple : 1° afin de les amener à faire toujours ce qui est bien;

2° pour faciliter à nos parents la tâche d'élever leurs enfants ; 3° pour conserver intact, dans l'avenir, l'honneur de notre famille.

6. — Le frère aîné doit aimer ses frères et sœurs plus jeunes d'un amour éclairé ; il doit les protéger et les exciter au bien par ses paroles et par ses exemples

7. — Les plus jeunes auront pour leurs aînés de la déférence, ils suivront leurs conseils et se modèleront sur eux, si leur conduite est bonne, afin de devenir meilleurs.

8. — Quand, par la mort des parents, la famille a perdu ses chefs, les aînés doivent remplacer le père et la mère, autant que cela leur est possible, veiller sur l'éducation de leurs frères et sœurs, leur faire donner l'instruction, surveiller leurs intérêts et pourvoir plus tard à leur établissement.

9. — Les enfants d'une même famille éviteront surtout l'égoïsme, qui refroidit les sentiments d'affection et détruit l'amour fraternel ; la jalousie, qui jette la discorde entre les frères et sœurs et engendre la haine ; ils s'habitueront, au contraire, dans leurs relations, à la douceur, à la patience, au désintéressement, qui ne font qu'affermir et entretenir les bons rapports qui doivent exister entre les enfants d'un même père.

10. — Si notre frère nous a offensé, nous devons lui pardonner, comme nous aimerions qu'il nous pardonnât si nous l'avions offensé, et parce que l'oubli des offenses est l'une des formes les plus belles de la charité.

RÉSUMÉ. — Mes frères et mes sœurs ont la même origine que moi. — Je les aimerai pour faire plaisir à mes parents ; je ne les taquinerai pas ; je me réjouirai du bien qui leur arrivera ; je les consolerai dans leurs peines. Si je suis plus âgé qu'eux, je les protégerai, je les conseillerai, je leur montrerai le bon exemple.

Lecture.

Elisa Sellier, âgée de quinze ans, était l'aînée de neuf enfants. Leur mère mourut, jeune encore, emportée par une fièvre maligne ; et, pour comble de malheur, le père, au lieu de se consacrer à sa nombreuse famille, essaya de trouver dans s l'ivresse l'oubli de sa misère ; il mena une vie de désordre, dépensant follement l'argent qu'il gagnait, jusqu'à ce qu'enfin, pris d'une sorte de folie, il abandonna ses enfants, les laissant dans le dénûment le plus complet. — Que faire en d'aussi tristes circonstances ? Pleurer ne remédie à rien. Elisa l'a vite compris. Pourtant elle apprécie toute l'étendue du malheur qui la frappe ; des larmes involontaires s'échappent de ses yeux ; elle songe à sa pauvre mère, trop tôt disparue ; à son père, qu'elle n'accuse même pas, tant est profond dans son cœur le sentiment du respect filial ; elle se voit seule, si jeune encore et si faible, à la tête d'une famille dont presque tous les membres réclament des soins maternels. Cette pensée, loin de l'abattre, excite son courage, un éclair de résolution semble l'illuminer ; elle dit, pressant dans ses bras son plus jeune frère : « Eh bien ! oui, je serai ta mère ; je serai votre mère à tous ; que Dieu nous vienne en aide ! »

Et la courageuse enfant tint parole.

Partageant ses journées entre le travail et les soins donnés aux jeunes enfants et au ménage, elle suffit à tout, sans recourir à la charité publique ; elle élève le mieux qu'elle peut « sa petite famille », comme elle se plaît à l'appeler ; et le soir, quand vient pour les autres l'heure du repos, elle passe une rapide revue des vêtements, brosse, coud, raccommode, veille à ce que tout soit en ordre, et ne se livre au sommeil que lorsqu'elle est sûre que ses « chers enfants » pourront le lendemain se présenter en classe de décente façon.

Ce dévouement a trouvé sa récompense dans l'affection sans bornes que ses frères et sœurs, devenus grands, et pourvus chacun d'un métier, ont vouée à leur seconde mère, à cette femme sublime qui a sacrifié pour eux les plus belles années de sa vie, donnant ainsi à tous un noble et touchant exemple d'amour fraternel.

XII. — Devoirs envers les proches.

SOMMAIRE. — 1. Nos proches parents. — 2. Liens qui nous attachent à eux. — 3. Ce que nous leur devons particulièrement. — 4. Devoirs envers nos proches parents malheureux.

1. — Hors de la maison paternelle, nous trouvons encore des personnes que nous nommons nos proches parents, et qui ont des droits particuliers à notre affection : ce sont nos **grands-pères** et nos **grand'-mères,** nos **oncles,** nos **tantes,** nos **cousins,** nos **cousines.**

2. — Les liens qui nous attachent à eux sont les liens du sang, puisqu'ils descendent des mêmes aïeux que nous ; ce sont aussi les liens de la reconnaissance, car il ne se passe guère de jour sans qu'ils nous donnent quelque marque d'intérêt.

3. — Nous devons particulièrement à nos grands-parents l'amour et le respect que nous portons à nos père et mère ; nous devons honorer leur vieillesse, remplacer auprès d'eux le fils ou la fille que la mort a pu leur enlever ; en un mot, mettre à leur service notre tendresse, nos bras, nos soins et nos ressources, si l'âge ou les infirmités leur ont rendu le travail difficile ou même impossible.

4. — Nos proches parents malheureux sont ceux qui, parmi les indigents, ont les premiers droits à nos secours ; il est donc de notre devoir de les aider dans leurs besoins, en évitant toutefois, par notre manière d'agir, de leur infliger l'humiliation de l'aumône ; c'est dans ce cas surtout que la délicatesse doit s'ajouter à la générosité.

RÉSUMÉ. — Mes grands-parents ont pour moi autant d'af-

Il ne se passe guère de jours sans que nos grands-parents nous donnent quelque marque d'intérêt.

fection que mes parents. — Je les aimerai ; je leur obéirai ; je les respecterai. Je m'efforcerai de leur rendre plus douces les années de leur vieillesse. — J'aurai avec mes oncles, mes tantes, mes cousins et mes cousines, d'affectueuses relations.

XIII. — Devoirs envers les supérieurs.

SOMMAIRE. — 1. Quels sont, après les parents, les supérieurs de l'enfant? — 2. Pourquoi les enfants ont des devoirs envers leurs supérieurs. — 3. Ce que les supérieurs ont le droit d'exiger des enfants.

1. — Après les parents, les supérieurs de l'enfant sont les personnes chargées de son éducation morale et religieuse et de son instruction, c'est-à-dire le **ministre du culte** et **l'instituteur**.

2. — Les enfants ont des devoirs à l'égard de leurs supérieurs, parce que ceux-ci remplacent auprès d'eux leurs parents, qui n'ont pas toujours les connaissances ou les loisirs nécessaires pour leur donner l'éducation et l'instruction dont ils auront besoin à chaque instant de la vie.

3. — Dépositaires de l'autorité paternelle pour diriger, enseigner, récompenser et punir, les supérieurs ont droit de demander aux enfants qui leur sont confiés les mêmes sentiments que ces derniers manifestent dans leur famille, c'est-à-dire, avant tout, l'obéissance et le respect.

RÉSUMÉ. — J'ai des devoirs envers mes supérieurs, qui me donnent l'éducation et l'instruction si nécessaires dans la vie. — Je leur obéirai et je les respecterai afin qu'ils soient contents de moi.

XIV. — L'École.

SOMMAIRE. — 1. L'école. — 2. Ce que doit y faire l'enfant. — 3. Éducation. — 4. A quels devoirs manque l'enfant qui ne travaille pas en classe? — 5. A quoi s'applique un bon élève ?

1. — **L'école** est un établissement où les enfants

d'un même village ou d'une même ville sont réunis pour travailler sous la direction d'un instituteur ou d'une institutrice.

Nous n'imiterons pas les mauvais élèves qui arrivent en retard à l'école.

2. — Une fois en classe, l'enfant doit **travailler** de toutes ses forces, afin d'acquérir de l'instruction et de contracter de bonne heure des habitudes laborieuses.

3. — Il travaille en classe non seulement à son **instruction**, mais aussi à son **éducation**, c'est-à-dire au

développement des facultés de son âme, en vue de
former son cœur et son caractère, de s'habituer aux
bonnes mœurs, à l'honnêteté dans les relations, à l'o-
béissance aux lois de son pays.

4. — L'enfant qui ne travaille pas en classe man-

Un bon élève s'applique à faire avec intelligence et de bon cœur
la tâche qui lui est imposée.

que à ses devoirs : 1° envers ses parents, qui l'envoient à l'école pour qu'il s'y instruise ; 2° envers
sa patrie, qui s'impose de lourds sacrifices pour l'éducation de ses enfants ; 3° envers ses maîtres, dont il
méconnaît les soins ; 4° envers lui-même, parce qu'un
enfant sans instruction et sans éducation est exposé

pour l'avenir à toutes sortes d'humiliations et de mécomptes.

5. — Un bon élève s'applique à faire avec intelligence et de bon cœur la tâche qui lui est imposée, de quelque nature qu'elle soit ; il fait en sorte de ne manquer en classe que le moins possible, arrive exactement à l'heure de l'entrée, observe le règlement de l'école et vit en bonne harmonie avec ses condisciples.

RÉSUMÉ. — Mes parents m'envoient à l'école parce qu'ils veulent que je m'instruise ; la loi me le commande aussi ; c'est d'ailleurs mon devoir et c'est aussi mon intérêt. — Je serai assidu ; je travaillerai de mon mieux ; je me conduirai bien ; je serai propre et soigneux.

XV. — Devoirs envers nos maîtres.

SOMMAIRE. — 1. Devoirs particuliers envers les maîtres et maîtresses chargés de nous instruire. — 2. Pourquoi nous devons les aimer. — 3. Les respecter. — 4. Leur obéir. — 5. Avoir pour eux de la reconnaissance. — 6. Comment nous leur témoignerons notre reconnaissance.

1. — Nous avons des devoirs particuliers à remplir envers les maîtres et maîtresses chargés de nous instruire. Ces devoirs consistent : 1° à les **aimer** ; 2° à les **respecter** ; 3° à leur **obéir** ; 4° à leur témoigner notre **reconnaissance.**

2. — Nous devons les **aimer,** parce qu'ils nous donnent chaque jour des preuves de leur affection et de leur dévouement, et parce qu'ils forment notre intelligence et notre cœur.

3. — Nous devons les **respecter,** parce qu'ils représentent nos parents, qui nous ont confiés à eux, et la Patrie, qui les a chargés d'élever ses enfants.

4. — Nous devons leur **obéir,** parce qu'ils tiennent de nos parents l'autorité qu'ils ont sur nous et parce que, sans l'obéissance, les élèves ne feraient en classe aucun progrès au point de vue de l'instruction comme au point de vue de l'éducation.

Nous témoignecions notre reconnaissance à notre maître par notre
attention à écouter ses leçons.

5. — Nous leur devons de la **reconnaissance** à cause du bien qu'ils nous font, car, après la vie et la santé, l'instruction et l'éducation sont les plus grands de tous les biens.

6. — Nous leur témoignerons notre **reconnaissance** par notre ardeur au travail, notre attention à écouter leurs leçons, notre docilité respectueuse, notre désir de les satisfaire en toutes circonstances et d'emporter de l'école le certificat d'études primaires.

RÉSUMÉ. — Je dois à l'instituteur (ou à l'institutrice) l'instruction et l'éducation, qui sont de grands biens. Mon maître se dévoue pour moi et me rend d'importants services. — Je l'aimerai, je le respecterai, je lui obéirai et je lui montrerai de la reconnaissance.

Lecture.

Dans une salle du Palais de justice, un individu, conduit par des gardes, était accompagné de sa femme, dont les pleurs et l'émotion exprimaient une profonde douleur. Un passant s'arrête, s'informe; il apprend que cette dame est la fille d'un des hommes qui ont jeté le plus d'éclat dans la science médicale, d'un illustre professeur dont la mort avait été une perte pour la science. — « Madame, votre père a été mon professeur, dit-il, il est bien naturel que je fasse quelque chose pour sa fille. » Puis, s'adressant à l'un des gardes : « Donnez-moi ces titres, mettez Monsieur en liberté, je paie la dette. »

Une heure après, le créancier était satisfait et le débiteur avait recouvré sa liberté.

XVI. — Devoirs envers les inférieurs.

SOMMAIRE. — Principaux devoirs envers nos inférieurs : — Équité. — Bonté. — Douceur. — Ton convenable dans le commandement. — Pas de familiarité. — Exactitude et ponctualité dans le service. — Encouragements et récompenses. — Ne pas trop exiger d'eux.

Nos principaux devoirs envers nos inférieurs peuvent se résumer dans les obligations suivantes :

1º Rendre à chacun ce qui lui est dû, c'est-à-dire être juste à leur égard ;

2º Les traiter avec bonté, sans toutefois que cette bonté dégénère en faiblesse ;

3º Les reprendre avec douceur ;

4º Ne jamais leur donner d'ordres sur un ton qui pourrait les blesser ;

5º Éviter avec eux une trop grande familiarité, qui compromettrait l'autorité que la nature ou les circonstances peuvent nous donner sur eux ;

6º Exiger d'eux un service exact et une obéissance ponctuelle ;

7º Les encourager par de bonnes paroles ou par des récompenses proportionnées à la nature des services qu'ils nous rendent ou à la manière dont ils remplissent leurs devoirs ;

8º Ne leur demander que ce qu'ils peuvent nous donner, eu égard à leurs facultés morales ou à leurs forces physiques.

RÉSUMÉ. — Si plus tard j'ai sous mes ordres des inférieurs ou des serviteurs, je les traiterai avec bonté et avec justice, parce que tous les hommes sont frères et que tous nous avons besoin les uns des autres.

DEVOIRS ENVERS LE PROCHAIN QUEL QU'IL SOIT

XVII. — Devoirs des enfants envers les vieillards.

SOMMAIRE. — 1. Ce que les enfants doivent aux vieillards. — 2. Que penser d'un enfant peu respectueux envers les personnes âgées ? — Que devrait-il faire, plutôt que de les tourner en ridicule ?

1. — Les enfants doivent aux vieillards **soumission**, **déférence** et **respect** ; ils doivent les **honorer** à

cause de leur âge et de leurs cheveux blancs, les **écouter** à cause de leur expérience de la vie, être **complaisants** à leur égard, chercher l'occasion de **leur rendre service**, en un mot leur témoigner des sentiments analogues à ceux que des enfants bien élevés éprouvent pour leurs grands-parents.

2 — Un enfant peu respectueux envers les personnes âgées fait preuve d'un mauvais cœur.

Au lieu de rire des vieillards, de leurs infirmités ou de leurs manies, il devrait songer que lui-même, peut-être, deviendra vieux, et qu'alors il serait peiné d'être en butte aux sarcasmes et aux railleries de ceux qui vivront auprès de lui. D'ailleurs, de même que nous verrions avec peine qu'on se moquât de nos vieux parents, de même nous devons respecter ceux des autres.

RÉSUMÉ. — Les vieillards ont beaucoup d'expérience ; ils ont travaillé et souffert. Peut-être deviendrai-je vieux à mon tour. — J'écouterai respectueusement les conseils des vieillards ; je ne rirai pas de leurs infirmités ; je leur viendrai en aide chaque fois que je le pourrai.

Lecture.

Près de la maison de Gustave habitait un vieillard qu'on appelait le père Jacob. Le père Jacob était un ancien soldat, qui vivait seul dans sa maisonnette. Il aimait bien le petit Gustave ; chaque jour, assis sur le seuil de sa porte, il le prenait sur ses genoux et lui racontait des histoires de batailles.

Mais un jour le vieux soldat ne sortit point comme d'habitude. Gustave regarda par la fenêtre de la petite maison, et vit son vieil ami seul, au coin de son feu, l'air bien triste. — Il avait une ancienne blessure qui s'était ranimée et le faisait beaucoup souffrir. — Alors le petit Gustave eut une bonne pensée. « Père Jacob, dit-il, vous m'avez tant amusé en me racontant des histoires ! voulez-vous que je tâche, moi aussi, de vous distraire un peu ? » — Et Gustave alla chercher un volume d'histoire de France, et se mit à lire d'une voix bien claire. — Le père Jacob n'avait plus l'air triste, il souriait. Il embrassa le petit garçon en lui disant : « C'est bien, mon enfant, tu es reconnaissant et affectueux ; tu te prives de jouer avec tes camarades pour faire plaisir à ton vieil ami. Tu es un brave cœur et tu seras plus tard un homme. »

GUYAU, *Lectures courantes.*

XVIII. — De la bonne camaraderie.

SOMMAIRE. — 1. Qu'est-ce qu'un bon camarade ? — 2. Raisons qui doivent guider un enfant dans le choix d'un camarade. — 3. Ce qu'il faut faire pour conserver ses camarades. — 4. A quoi s'exposent les enfants égoïstes et jaloux ?

1. — Un **bon camarade** est celui qui nous donne

Pour conserver ses camarades, il ne faut se permettre ni moquerie, ni taquinerie, ni brutalité.

toujours le bon exemple et qui ne nous excite pas à commettre des actions que notre conscience réprouve, telles que dérober le bien d'autrui, insulter les vieillards, manquer à l'école, etc.

2. — Ce qui doit guider un enfant dans le choix d'un camarade, c'est la bonne éducation et un ensemble de qualités heureuses qu'il reconnaît dans celui dont il veut faire son compagnon de jeux et de travail, selon son âge et sa condition.

3. — Pour conserver ses camarades, il faut être juste et bon envers eux, convenir de ses torts quand on les a offensés, réparer le mal qu'on a pu leur causer, pratiquer à leur égard la vertu de charité, enfin ne marquer ni égoïsme ni jalousie dans les récréations ou dans le travail de l'école.

4. — Les enfants égoïstes et jaloux, c'est-à-dire ceux qui ne songent qu'à eux-mêmes et qui souffrent du bonheur des autres, sont vite délaissés de leurs camarades; de plus, leur conscience n'est jamais tranquille, car ils savent bien qu'ils s'abandonnent à deux vilains défauts; enfin en contractant de telles habitudes, ils s'exposent pour l'avenir à n'avoir ni l'estime ni la sympathie de leurs concitoyens.

RÉSUMÉ. — J'ai pour camarades des enfants de mon âge. Je partage leurs jeux, leurs travaux. Ensemble nous formons une petite société. — Je serai bon, juste et complaisant à leur égard ; je ne les querellerai pas ; je n'abuserai pas de ma force ; je défendrai les faibles ; je ne serai pas égoïste.

XIX. — Respect de la personne d'autrui.

SOMMAIRE. — 1. Nos premiers devoirs envers les autres hommes. — 2. En quoi consiste la justice. — 3. Respect de la vie du prochain — 4. Brutalités, menaces faites sans nécessité. — 5. L'homicide. — 6. Cas où il est permis.

1. — Nos premiers devoirs vis-à-vis des autres hommes sont des **devoirs de justice**.

2. — La **justice** consiste à rendre à chacun ce qui lui est dû, à ne pas faire aux autres ce que nous ne voulons pas qu'ils nous fassent, à respecter la per-

sonne d'autrui comme nous demandons qu'il respecte
la nôtre.

3. — Le premier de nos devoirs envers autrui,
c'est de **respecter sa vie**, comme le plus grand des
crimes est de la lui ôter. Ce devoir primordial est
fondé sur le précepte suivant : **Tu ne tueras point**.

4. — La brutalité, les coups portés ou les menaces
faites à autrui sans nécessité sont autant de manque-
ments graves au respect que nous devons à la personne de nos semblables. Nul homme n'a le droit
d'être brutal envers un autre homme; les enfants,
dans leurs jeux, doivent éviter les violences, qui
témoignent d'une mauvaise éducation et habituent le
cœur à la dureté.

5. — L'acte qui consiste à ôter la vie à son prochain
s'appelle **homicide**.

6. — L'**homicide** n'est permis que dans le cas de
légitime défense, c'est-à-dire quand le prochain
menace notre vie, et que nous n'avons, pour la conserver, d'autre moyen que de lui ôter la sienne.

RÉSUMÉ. — Je tiens plus à ma vie qu'à tous les autres
biens ; aussi je veux qu'on la respecte. Mais la justice me commande de respecter également la vie de mes semblables. — Je
ne les brutaliserai pas ; je ne les frapperai pas ; je ne les bles-
serai pas, et, à plus forte raison, je ne les tuerai pas.

———— ————

XX. — Respect de la liberté.

SOMMAIRE. — 1. Combien de sortes de liberté possède
l'homme ? — 2. Attenter à la liberté d'autrui est une faute
grave. — 3-4 Exemples d'attentats à la liberté d'autrui, dans
les rapports des patrons avec les ouvriers.

1. — L'homme possède deux sortes de liberté:
la **liberté intérieure**, ou **libre arbitre**, et la **liberté
extérieure**, c'est-à-dire la liberté d'aller, de venir,
d'agir comme il lui plaît, dans les limites du devoir.

2. — Celui qui attente à la liberté d'autrui se rend
coupable d'une faute grave, car il essaye de lui ravir

ce que l'on appelle la vie morale, en l'empêchant
d'exercer librement les facultés qu'il possède en sa
qualité d'homme, et qui constituent son bien le plus
précieux.

3. — Il y a plusieurs manières de porter atteinte
à la liberté d'autrui, par exemple dans les rapports
d'un patron avec ses ouvriers, d'un maître avec ses
serviteurs.

Ainsi, un ouvrier ayant absolument besoin d'ouvrage et qui n'a que ses bras pour nourrir sa famille,
vient frapper à ma porte. Si, profitant de sa situation malheureuse, je l'occupe en ne lui donnant qu'un
salaire dérisoire et nullement en rapport avec le travail qu'il fait, je commets une véritable injustice,
une sorte d'attentat à sa liberté.

Un maître qui voudrait, sans motif sérieux, dimi-
nuer les gages de son serviteur, sachant bien que ce
dernier ne trouvera pas d'occupation ailleurs que
chez lui, se rend aussi coupable d'une faute grave,
car il viole le contrat qui le liait à celui qui s'est
engagé à le servir.

4. — Inversement, des ouvriers qui profiteraient
d'un embarras de leur patron pour exiger immédia-
tement une trop grande augmentation de salaire, se
rendraient, dans une certaine mesure, coupables
d'attentat à la liberté d'autrui ; car le patron devant,
par exemple, sous peine de perte sérieuse, livrer à
jour fixe une importante commande, et comptant sur
ses ouvriers pour faire le travail demandé, n'a plus la
liberté de discuter ; il y a, là encore, abus de la force
contre le droit, et par suite violation de la loi morale.

RÉSUMÉ. — Je possède la liberté de faire tout ce qui ne
nuit pas à mon prochain. Je ne veux pas qu'on attente à ma
liberté, il est donc juste que je respecte aussi celle des autres.
— Si je suis patron, je paierai mes ouvriers en raison de leur
travail. Si je suis ouvrier, je n'exigerai pas un salaire qui ne
serait pas en rapport avec mon travail.

XXI. — De la liberté chez l'enfant.

SOMMAIRE. — 1. Comment un enfant peut porter atteinte à la liberté de ses camarades. — 2. Les enfants n'ont pas droit à la même liberté que les grandes personnes.

1. — Un enfant peut porter atteinte à la liberté d'autrui en abusant de sa force, de son âge ou de son intelligence plus développée pour entraîner ses camarades à faire ce qu'il désire. Quand cet abus de la force a pour objet une mauvaise action, celui qui l'exerce est doublement coupable. Si jeune qu'il soit, un enfant ne doit pas oublier cette maxime :

Respectons la liberté des autres comme nous voulons qu'on respecte la nôtre.

2. — Les enfants ne sauraient avoir droit à la même liberté que les grandes personnes.

Leur raison peu développée ne leur permet pas, en effet, de se diriger seuls dans le monde ; il est donc nécessaire que, jusqu'à un certain âge, ils restent soumis à l'autorité des parents. D'ailleurs, les priver d'une partie de leur liberté n'est pas les rendre esclaves ; c'est, au contraire, les mettre en état d'être libres en leur faisant de bonne heure connaître leurs devoirs ; car être libre, c'est obéir à son devoir, et pour obéir à son devoir il faut le connaître.

RÉSUMÉ. — Je ne suis qu'un enfant. Ma raison n'est pas encore formée, c'est pourquoi ma liberté a des limites. — J'agirai d'après les conseils de mes parents et de mes maîtres ; je n'abuserai pas de ma force, de mon âge, de mon intelligence pour entraîner mes camarades à mal faire.

XXII. — De la médisance et de la calomnie.

SOMMAIRE. — 1. Obligation de respecter l'honneur et la réputation d'autrui. — 2. Comment on peut y porter atteinte. — 3. Qu'est ce que la médisance ? — 4. La calomnie ? — 5. Ce que doit faire un enfant qui veut s'habituer au respect de l'honneur et de la réputation d'autrui.

1. — Il ne suffit pas de respecter son prochain dans

sa vie et dans sa liberté, il faut aussi le respecter dans son **honneur** et dans sa **réputation**.

2. — On peut porter atteinte à l'honneur et à la réputation d'autrui par la **médisance** et par la **calomnie**.

3. — La **médisance** est l'acte par lequel nous disons du mal de notre prochain ; elle consiste dans une imputation malveillante, mais vraie, dans le récit d'actes répréhensibles dont il s'est rendu coupable, pour le seul plaisir de lui être désagréable ou de nuire à sa réputation, ou de nous faire valoir à ses propres dépens.

4. — La **calomnie** est une imputation fausse, injurieuse, qui blesse l'honneur du prochain ; c'est le fait de ceux qui mentent avec l'intention de nuire, en imputant à autrui des actions mauvaises qu'il n'a pas commises, ou des paroles qu'il n'a pas dites ; en lui prêtant, sans motif, des sentiments qui ne sont pas les siens.

5. — Un enfant qui veut s'habituer au respect de l'honneur et de la réputation d'autrui doit prendre les résolutions suivantes :

1º Veiller attentivement sur son langage et ne pas attribuer légèrement aux autres de mauvaises actions ou de mauvaises intentions ;

2º Éviter la médisance même la plus légère, car la médisance est mauvaise de sa nature ; elle conduit aisément à la calomnie et indique chez l'enfant qui s'y livre un cœur déjà gâté, un mauvais esprit qui cherche à nuire au prochain ;

3º Se mettre en garde contre la calomnie, qui est l'arme des lâches, des hypocrites et des menteurs, qui dérobe à l'homme un bien précieux, jette le désordre dans la société et peut amener la ruine de certaines familles dont l'honneur était la sauvegarde ;

4º Supposer à autrui de bonnes intentions et ne pas incriminer ses actes, quand même ils seraient d'une moralité douteuse ;

5º Ne point hésiter à reconnaître ses torts, à les avouer publiquement, s'il a eu le malheur de calomnier quelqu'un, fût-ce même un de ses camarades, et dans des choses de peu d'importance.

RÉSUMÉ. — Dire des autres le mal qu'ils ont fait, c'est médire : leur attribuer faussement des actions mauvaises, c'est calomnier. Je souffrirais si j'étais en butte à la calomnie et à la médisance. — Aussi je veillerai sur mon langage ; je ne raconterai pas les fautes que j'aurai vu commettre ; je me garderai bien de calomnier.

XXIII. — Du mensonge et de la sincérité.

SOMMAIRE. — 1. En quoi consiste le mensonge ? — 2. Pourquoi il est une faute grave. — 3. Inconvénient du mensonge pour l'enfant. — 4. Il n'est jamais permis de mentir. — 5. La sincérité, vertu opposée au mensonge. — 6. Avantages de la sincérité.

1. — Le **mensonge** consiste à affirmer sérieusement ce qu'on sait être faux, avec l'intention de le faire prendre pour vrai.

2. — Le **mensonge** est une faute grave, non seulement parce qu'il porte atteinte au droit, que nous possédons tous, de connaître la vérité, mais parce qu'il jette le trouble dans les relations sociales, qu'il sème la défiance parmi les hommes, pervertit le sens moral de celui qui s'y livre et le conduit insensiblement à la **dissimulation dans les actes**, ce qu'on appelle l'**hypocrisie**, et à la **violation de la parole donnée.**

3. — L'enfant qui ment habituellement finit par n'être plus cru, lors même qu'il dit la vérité ; il est pour ses parents et pour ses maîtres un objet de défiance continuelle ; on ose à peine lui adresser la parole, dans la crainte de lui voir proférer un nouveau mensonge ; ses camarades le fuient ou le raillent ; l'épithète de menteur lui est infligée en toute circonstance ; il est pour ainsi dire retranché à l'avance de la société, et se prépare une vie malheureuse, solitaire, sans aucun espoir de posséder jamais ni l'estime ni la sympathie de ses concitoyens, dont il sur-

prendra la bonne foi, et à qui, le plus souvent, il essayera de nuire. Le proverbe dit : Un menteur est pire qu'un voleur.

4. — Il n'est pas plus permis de mentir pour plaisanter que pour s'excuser ou même pour rendre service à quelqu'un, car le mensonge est mauvais de sa nature, et aucune raison ne saurait l'excuser.

5. — La vertu opposée au mensonge est la **sincérité**, qui consiste à être vrai dans ses paroles et dans ses actes.

6. — La sincérité a de nombreux avantages :.

1° Elle nous attire la confiance : on se défie rarement de ceux qui sont reconnus pour aimer la vérité ;

2° Elle facilite les relations des hommes entre eux, la vie sociale ayant pour base cette convention tacite que chacun respectera l'intelligence de son semblable en ne proférant jamais le mensonge;

3° Elle satisfait notre conscience, car l'homme, quoi qu'il fasse, considère toujours comme un de ses premiers devoirs l'obligation de dire la vérité.

RÉSUMÉ. — Mentir, c'est altérer la vérité. On ment quand on veut cacher ses fautes ou tromper les autres ; le mensonge est donc une lâcheté ou une mauvaise action. — Je ne mentirai jamais ; je dirai sincèrement tout ce que j'aurai fait, sans crainte des punitions.

Lecture.

Le jeune Louis mentait à chaque instant, et non seulement il mentait, mais s'il faisait quelque sottise, il manquait de courage pour l'avouer. Plusieurs fois il lui était arrivé de laisser accuser ses camarades, de peur d'être puni : mensonge et lâcheté vont de compagnie.

Aussi personne ne l'aimait; chacun se méfiait de lui, et comme on le savait capable des plus mauvais tours, on ne manquait pas de le charger de méfaits que souvent il n'avait pas commis.

Voici l'aventure qui lui arriva au temps où il fréquentait l'école.

Un de leurs voisins avait dans son jardin de belles poires que Louis lorgnait fort souvent, semblant attendre avec impatience qu'elles fussent entièrement mûres... Un beau jour, ou plutôt une belle nuit, les poires disparurent. Quel chemin avaient-elles pris ? Nul n'eût pu le dire. Cependant, à divers indices, le voisin crut reconnaître que le voleur n'était autre que Louis. Le lendemain de bon matin il alla trouver le père de ce dernier : « On m'a, dit-il, dérobé hier dans la soirée les poires de mon jardin ; au bruit que faisait le voleur, je suis accouru ; il s'est sauvé, c'est pourquoi je n'ai pu le reconnaître ; toutefois sa taille et la direction qu'il a prise me font supposer que c'était votre fils. »

On fit venir Louis ; on l'interrogea ; naturellement il nia, car il était innocent ; mais ses protestations furent vaines : on le savait menteur ; son père le punit sévèrement.

Le bruit de cette aventure s'étant répandu dans le village, Louis fut aussitôt l'objet des conversations de ses camarades, qui se le montraient du doigt, l'appelant entre eux : **menteur** et **voleur**. — Oh ! combien il regrettait sa mauvaise habitude, et comme, dans son for intérieur, il se promettait de ne plus mentir !

Vint l'heure de l'entrée en classe.

Louis, tout honteux et tout triste, alla s'asseoir à sa place, quand le maître, l'ayant remarqué, lui dit : « Qu'avez-vous donc, mon enfant ? il me semble que vous avez pleuré. »

A ces mots, Louis éclata en sanglots, mais ne répondit rien.

Tout à coup, du fond de la salle, une voix s'éleva ; c'était celle du jeune Emile. Pâle, mais d'un ton ferme, il dit : « Monsieur, on accuse Louis d'avoir dérobé des fruits dans le jardin de leur voisin. Eh bien ! le voleur, c'est moi, et moi seul mérite d'être puni. »

Le pauvre Louis n'en pouvait croire ses oreilles.

Quoi ! Emile s'accusait publiquement d'une faute dont on ne l'eût jamais soupçonné.

Quelle franchise ! Quel courage ! Et combien il se trouvait inférieur à ce camarade qui n'avait pas souffert qu'un soupçon injuste pesât sur lui, Louis, le menteur et le lâche !

Aussi s'est-il promis de se surveiller à l'avenir, et pour se fortifier dans cette bonne résolution, il se répète à chaque instant :

« Je ne mentirai plus jamais. »

XXIV. — De l'intolérance.

SOMMAIRE. — 1. Obligation de respecter les opinions et les croyances d'autrui — 2. A quoi s'applique ce respect. — 3. Qu'est-ce que l'intolérance ? — 4. L'intolérance est une injustice ; — elle est nuisible à ceux qui l'exercent contre le prochain ; — elle devient parfois un crime social. — 5. Comment on peut se montrer intolérant sans violence.

1. — Notre premier devoir envers autrui, au point de vue de ses opinions et de ses croyances, c'est de les respecter, comme nous voulons qu'il respecte les nôtres.

2. — Ce respect ne se borne pas aux croyances intimes du prochain, mais il s'applique également à leurs manifestations extérieures par la parole et par les actes, à la condition toutefois que ces manifestations ne portent atteinte ni à notre liberté ni à notre droit.

3. — **L'intolérance** est la prétention de refuser à autrui la liberté d'opinions ou de croyances.

4. — L'intolérance est injuste en soi : nous ne pouvons, en effet, sans injustice, refuser à autrui la liberté de penser autrement que nous sur les mêmes sujets, sous prétexte que notre opinion est la seule vraie, que notre croyance est la seule bonne, que notre doctrine est la seule respectable. — Elle sert généralement mal les intérêts de ceux qui s'en font une arme contre le prochain; il est en effet prouvé par l'histoire que les persécutions religieuses ou politiques ont été nuisibles avant tout à leurs auteurs et

n'ont fait que favoriser le développement des doctrines que l'on prétendait étouffer par la force. — Enfin, quand elle se manifeste par des violences qui prennent un caractère général, elle est un véritable crime social, digne de la réprobation universelle : les guerres de religion, les guerres civiles ont le plus souvent pour cause l'intolérance.

5. — On peut se montrer intolérant sans violence et enfreindre quand même les règles de la justice. Par exemple, un patron qui refuse du travail à un honnête et habile ouvrier, parce que ce dernier ne pense pas comme lui en politique ou en religion ; un chef de service qui, pour des raisons analogues, refuse de l'avancement à un bon employé; un propriétaire qui ôte à un fermier l'exploitation de ses champs, parce que l'un et l'autre ne votent pas dans le même sens : ceux-là commettent des injustices d'autant plus répréhensibles qu'elles ont l'apparence de procédés permis, et que celui qui s'en rend coupable semble rester dans les limites du droit. Mais sa conscience le juge et sa raison lui dit que le droit poussé jusqu'à l'extrême rigueur est bien près de l'injustice.

RÉSUMÉ. — La tolérance veut qu'on respecte les croyances et les opinions d'autrui. Cela est juste et utile. — Je serai donc tolérant ; je ne chercherai pas à imposer mes idées ; je n'aurai pas de haine pour ceux qui ne penseront pas comme moi. Si j'ai des ouvriers, j'apprécierai leur travail sans tenir compte de leurs idées politiques ou religieuses.

XXV. — De la politesse.

SOMMAIRE. — 1. La politesse; en quoi elle consiste ? — 2. De quelle qualité elle est généralement l'indice. — 3. Comment un enfant peut se former à la politesse. — 4 Que penser d'un enfant habituellement impoli ? — Comment agissent à son égard ses camarades, ses supérieurs, ses parents ? — A quoi il s'expose pour l'avenir.

1. — La vertu sociale qui nous porte au respect de la sensibilité d'autrui est la **politesse**.

Elle consiste à ne rien faire qui puisse choquer les personnes avec qui nous vivons, à ne pas froisser leurs convictions, à montrer une déférence raisonnable à l'égard, non seulement de nos supérieurs et des personnes âgées, mais de nos égaux et de ceux qui sont au-dessous de nous par la fortune, l'intelligence, les connaissances, les qualités morales, etc.

Les enfants polis sont aimés de tout le monde, car la politesse est généralement l'indice de la bonté du cœur.

2. — La politesse est généralement l'indice de la bonté du cœur ; elle touche à la charité et va plus loin que la stricte justice, car elle nous demande le sacrifice de certains droits naturels que personne ne peut nous faire un devoir d'abandonner, tels que le droit de ne point saluer, de rester assis ou couvert devant nos supérieurs, de n'être ni obligeant ni gracieux à l'égard de ceux que nous ne connaissons pas.

3. — Pour se former à la politesse, un enfant doit :

1° Ne fréquenter que des personnes à bonnes manières et ceux de ses camarades qui lui paraissent le mieux élevés ;

2° S'habituer, en société, à ne pas se faire valoir aux dépens des autres, les écouter, au contraire, avec déférence, et laisser la conversation tourner à leur avantage ;

3° Ne pas se permettre de ces questions oiseuses ou indiscrètes dont les réponses pourraient être une cause d'ennui pour les personnes présentes ;

4° S'interdire en toute circonstance un ton tranchant et impérieux, qui est le signe d'un ridicule orgueil et d'un mauvais cœur ;

5° Ne discuter qu'avec ses égaux et éviter la contradiction ou la discussion avec les personnes âgées ou plus instruites que lui-même.

4. — Un enfant habituellement impoli ne saurait être aimé de personne ; sa conversation déplaît, ses manières, ses réponses indiquent en lui des sentiments grossiers et un mauvais caractère ; — ses camarades mieux élevés évitent sa compagnie ; — ses supérieurs ne peuvent avoir pour lui l'indulgence qu'ils témoignent volontiers à ses condisciples ; — il fait honte à ses parents, qui rougissent de leur fils et lui refusent les marques de tendresse qu'on accorde avec tant de plaisir aux enfants polis ; — enfin, comme l'impolitesse n'est pas loin de l'injustice, il s'expose pour l'avenir à manquer à ses devoirs envers ses semblables et à être rejeté de leur société.

RÉSUMÉ. — Être poli, c'est montrer aux autres qu'on a le désir de leur plaire et de les respecter. La politesse est la marque de la bonté du cœur. — Je serai poli ; je ne ferai rien qui puisse froisser ou mécontenter ceux qui m'entourent ; je saluerai mes égaux, mes supérieurs, les personnes plus âgées que moi, et je respecterai particulièrement les vieillards. Je ne fréquenterai que des personnes bien élevées.

XXVI. — De la propriété.

SOMMAIRE. — 1. L'homme ne pourrait vivre s'il ne possédait absolument rien. — 2. Comment il acquiert ce qui lui est nécessaire pour entretenir sa vie. — 3. Qu'appelle-t-on propriété ? — Son origine. — 4. On peut devenir propriétaire autrement que par son travail.

1. — L'homme ne pourrait vivre sur la terre s'il ne possédait au moins de quoi manger, de quoi se vêtir, de quoi s'abriter, en un mot de quoi satisfaire tout d'abord à ses besoins physiques.

2. — Toutes les choses nécessaires à l'entretien de sa vie, l'homme les acquiert en principe, ou les a acquises par le travail. Par exemple, celui qui, après avoir défriché un coin de terre n'appartenant à personne, l'a cultivé, puis ensemencé, qui y a bâti une maison, qui s'est fabriqué des vêtements avec les peaux des bêtes qu'il a tuées, devient évidemment propriétaire du terrain et de ses produits, de la maison, des vêtements qu'il a fabriqués lui-même, et personne ne peut prétendre les lui enlever sans attenter à son droit.

3. — On appelle **propriété** toute chose légitimement possédée par une personne. La propriété est donc un droit dont l'origine est le travail, l'effort, l'activité libre de l'homme. A ce titre, elle est éminemment respectable, et le vol, qui est la négation du droit à la propriété, est toujours une faute, quand il n'est pas un crime.

4. — Toutefois, on peut devenir propriétaire autrement que par son propre travail; par exemple en recevant d'une personne, à titre de don, ce qu'elle possède légitimement, ou en héritant de ses parents ce qu'ils ont amassé durant leur vie; dans ces deux cas, la propriété est tout aussi légitime et respectable que celle que l'on peut acquérir par le travail. Il est évident, en effet, que celui qui possède un droit incontestable sur une chose, quelle qu'elle soit, peut trans-

mettre ce droit à qui bon lui,semble : de là la légiti-
mité du droit de vente et de transmission par héritage.

RÉSUMÉ. — L'homme possède des vêtements, des outils,
une habitation, des terres, etc. : ces choses constituent sa propriété ; il les a acquises par son travail. La propriété est donc
une chose légitime et respectable. On peut aussi devenir propriétaire par héritage ou en recevant une chose à titre de don.

XXVII. — Du vol.

SOMMAIRE. — 1. Comment on porte atteinte au droit de
propriété des personnes. — 2. Exemples : marchand, ouvrier,
patron, fonctionnaire, emprunteur, etc. — 3. La contrebande
est un vol. — 4. Il n'est pas permis de se rendre complice d'un
vol. — 5. Obligation de restituer.

1. — On porte atteinte au droit de propriété des
personnes par le **vol** ou par la **fraude**, qui n'est que
le vol auquel s'ajoute la ruse.

2. — Un marchand qui trompe sciemment sur le
poids ou la qualité des marchandises vendues ; l'ouvrier qui fait mal le travail qui lui est confié, ou qui,
étant à la journée, n'emploie pas bien son temps ; le
patron qui retient injustement le salaire de ceux qu'il
occupe ; l'employé ou le fonctionnaire qui ne remplit
pas consciencieusement les devoirs de sa profession ;
celui qui emprunte sachant qu'il ne pourra pas rendre,
qui s'approprie des objets trouvés sans en rechercher
le propriétaire, ou qui ne rend pas un dépôt confié,
tous ceux-là se rendent coupables de vol au même
titre que l'individu qui pénètre dans une maison pour
dérober de l'argent, des valeurs ou d'autres objets
précieux.

3. — La **contrebande**, trop facilement excusée,
est un véritable vol, car elle constitue une violation
du droit de l'Etat, représentant la société, c'est-à-
dire l'ensemble des individus qui composent une
nation.

4. — Il n'est pas plus permis de se rendre **complice**

d'un vol, que de voler soi-même ; c'est une manière indirecte, mais réelle, de violer le droit de propriété, et la loi punit rigoureusement celui qui, de sa propre volonté, a aidé ou facilité le vol, ainsi que celui qui recèle, qui cache les objets volés.

Un proverbe dit : Les recéleurs sont des voleurs.

5. — Celui qui a volé est obligé de restituer ce qu'il a pris injustement. Cette restitution prompte, volontaire et intégrale, est le seul moyen de réparer, ou tout au moins d'atténuer la faute commise : sa conscience lui en fait un devoir, les lois humaines l'y obligent, et savent au besoin l'y contraindre par la force.

RÉSUMÉ. — Voler, c'est prendre ce que les autres possèdent, c'est porter atteinte au droit de propriété. — Si je suis commerçant, je ne tromperai pas mes clients sur la marchandise ; je n'emprunterai pas si je sais ne pouvoir rendre ; je ne garderai pas ce qu'on m'aura confié ; je ne ferai pas la contrebande ; je ne serai pas complice des voleurs.

XXVIII. — De la probité.

SOMMAIRE. — 1. La probité : son origine. — Maxime sur laquelle elle repose. — 2. Que penser de ceux qui manquent de probité dans les relations commerciales ? — 3. A quoi doit s'habituer un enfant qui veut être plus tard un homme probe ?

1. — La vertu qui nous porte à respecter le bien d'autrui est la **probité,** qui a son origine dans le sentiment profond que nous avons du droit de chacun de conserver ce qu'il possède, et repose sur cette maxime fondamentale de la justice : **Ne faites pas à autrui ce que vous ne voudriez pas qui vous fût fait à vous-même.**

2. — Ceux qui manquent de probité dans les relations commerciales sont doublement coupables, car au vol ils ajoutent un abus de confiance, l'acheteur se fiant généralement à la délicatesse du vendeur. De plus, ils s'exposent à la honte de voir leurs fraudes découvertes, au déshonneur qui atteint toujours celui qui manque de probité, à la ruine que la méfiance et le

départ de la clientèle amènent nécessairement à leur

L'enfant doit éloigner de son esprit la tentation de dérober
quoi que ce soit.

suite ; enfin à toute la rigueur des lois, faites pour
assurer les droits de chacun et punir ceux qui mécon-

naissent les devoirs de justice et d'honnêteté envers
autrui.

3. — S'il veut être plus tard un homme probe et
jouir de l'estime de ses concitoyens, un enfant doit
s'habituer de bonne heure à ne pas considérer d'un
œil d'envie ce que possèdent ses camarades ; éloigner
de son esprit la tentation de dérober quoi que ce soit
à n'importe qui, aux personnes riches comme à celles
qui ne le sont pas; éviter la société des maraudeurs, de
ceux qui dérobent les fruits des vergers ou les récoltes des champs ; enfin réfléchir souvent à la honte
qui rejaillit sur le voleur, et se bien pénétrer de cette
pensée que la probité honore l'homme, quelle que soit
sa condition, et lui attire l'estime et la sympathie de
ses semblables.

RÉSUMÉ. — Manquer de probité, c'est s'emparer injustement
du bien d'autrui. — Je serai probe ; je n'envierai pas ce que les
autres possèdent ; je ne marauderai pas. Si je suis employé, je
ne chercherai pas à tromper mes maîtres.

Lecture.

Dans une église, pendant la grand'messe, une
jeune dame mise avec recherche et élégance, au
moment de solder le prix de la location de sa chaise,
tire son porte-monnaie de sa poche et y puise
une pièce de cinq centimes. Les doigts gantés de
la dame attirent avec le modeste sou une pièce d'or
de cinq francs, qui tombe sans que la dame s'en soit
aperçue, et roule à petit bruit sous des chaises voi-
sines.

La jeune élégante s'était remise en prières et ne
songeait plus du tout à ce qui l'entourait, lorsqu'elle
se sentit doucement tirée par la manche.

Une petite fille, vêtue avec une modestie qui annon-
çait la pauvreté, était là, levant sur elle deux grands
yeux bleus, et lui tendant une pièce d'or.

« Que me veux-tu, mon enfant ?

— Madame, ceci est à vous. J'ai vu tomber la
pièce d'or de vos doigts, et elle est roulée sous ma
chaise.

— C'est bien, cela, mon enfant. Tu es une honnête
fille. Que fait ton père ?

— Il travaille en fabrique.

— Et la mère ?

— Elle soigne mes petits frères et mes petites
sœurs.

— Eh bien ! ma fille, porte-leur cette pièce d'or,
et dis-leur qu'elle est la juste récompense de leur
probité. Les parents d'une fille telle que toi ne peuvent qu'être honnêtes. »

La dame reprit sa prière et l'enfant retourna à sa
place, rouge de bonheur et serrant entre ses doigts
la pièce d'or qui était pour elle toute une fortune.

XXIX. — Du respect de la parole donnée.

SOMMAIRE. — 1. Qu'est-ce que donner sa parole à quelqu'un ?
— 2. On est obligé de garder la parole donnée. — 3. Ce qu'il
faut faire avant de donner sa parole. -- 4. Que penser de
ceux qui ne tiennent pas leurs engagements ?

1. — **Donner sa parole** à quelqu'un, c'est lui promettre de faire ou de ne pas faire telle ou telle chose,
d'accomplir tel ou tel acte favorable à ses intérêts,
ou de ne rien faire qui puisse lui porter préjudice.

2. — On est obligé de garder la parole donnée ;
c'est une manière de témoigner son respect pour la
personne d'autrui ; violer sa parole est un acte honteux que la morale réprouve ; c'est une lâcheté qui ne
peut avoir d'excuse que dans la légèreté avec laquelle
on a pris un engagement.

3. — Avant de donner sa parole à quelqu'un, il faut
réfléchir sur les conséquences de la promesse que
l'on fait et s'assurer avant tout que l'on sera en état
d'y faire honneur.

4. — Ceux qui ne tiennent pas les engagements
qu'ils ont pris verbalement, ou qui manquent à leurs
promesses, sont d'autant plus coupables que ces engagements avaient pour objet des choses d'une grande

importance. Ils manquent de bonne foi, oubliant que la parole d'un honnête homme vaut un écrit, et que les relations sociales seraient impossibles sans le respect des conventions verbales.

RÉSUMÉ. — Donner sa parole à quelqu'un, c'est lui promettre de faire ou de ne pas faire une chose. — Je ne m'engagerai pas à la légère ; je réfléchirai avant de promettre, et je me souviendrai que la parole d'un honnête homme vaut un écrit.

XXX. — De l'exactitude et de la ponctualité.

SOMMAIRE. — 1. En quoi consistent l'exactitude et la ponctualité ? — 2. Que doit faire un enfant sous ce rapport ?

1. — L'**exactitude** et la **ponctualité** consistent à remplir nos engagements dans le temps convenu. Manquer de l'une et de l'autre est une sorte d'injustice à l'égard du prochain.

2. — Un enfant doit particulièrement se montrer exact et ponctuel dans l'accomplissement de ses devoirs d'élève ; il doit arriver en classe à l'heure réglementaire, faire sa tâche pour le moment indiqué par le maître, ne le faire attendre en aucune circonstance, car l'exactitude témoigne des sentiments respectueux des enfants envers leurs maîtres et, en général, des inférieurs envers leurs supérieurs.

RÉSUMÉ. — L'exactitude et la ponctualité sont importantes dans la vie. — Je m'habituerai de bonne heure à l'exactitude ; je serai à l'heure réglementaire devant la porte de l'école ; je ferai mes devoirs au moment voulu ; je ne ferai pas attendre ceux à qui j'ai donné rendez-vous.

XXXI. — De la trahison et de la délation.

SOMMAIRE. — 1. En quoi consiste la trahison ? — 2. Qu'est-ce que la délation ? — 3. Que penser d'un enfant qui, sans y être obligé, dénonce au maître ses camarades d'étude ?

1. — La **trahison** consiste à nuire au prochain en

agissant contre ses intérêts, quoiqu'on se soit engagé, implicitement ou explicitement, à ne pas lui faire tort : c'est le crime des lâches ou des fourbes, qui manquent à leur parole ou qui violent leurs promesses pour satisfaire des passions mauvaises, telles que l'orgueil, la cupidité, la vengeance, etc.

2. — La **délation** est l'acte de celui qui, par vengeance ou par méchanceté, révèle les fautes de son prochain, sans que l'intérêt général l'y oblige, et uniquement pour nuire à sa considération.

3. — Un enfant qui, sans y être obligé, dénonce au maître ses camarades d'étude, commet une action honteuse ; il fait preuve d'un mauvais cœur, s'habitue à la lâcheté, se fait mépriser de ses condisciples et de son maître lui-même, et il y a lieu de craindre qu'il ne devienne un mauvais citoyen, dont chacun évitera la société.

RÉSUMÉ. — La trahison est le crime des lâches. Trahir, c'est manquer à la parole donnée, c'est nuire à quelqu'un. Le délateur dénonce les fautes qu'il voit commettre. — Je ne trahirai personne ; je ne dénoncerai pas mes camarades d'école ou d'atelier.

XXXII. — De l'ingratitude.

SOMMAIRE. — 1. Qu'est-ce que l'ingratitude ? Comment elle est une violation des règles de la justice. — 2. Que penser des enfants ingrats envers leurs parents et envers leurs maîtres ? — 3. La reconnaissance, vertu opposée à l'ingratitude.

1. — **L'ingratitude** est le vice de celui qui oublie volontiers les services reçus.

Elle est une violation des règles de la justice, en ce sens que nous devons rendre à chacun ce qui lui est dû, que nos bienfaiteurs ont évidemment droit à la reconnaissance du bien qu'ils nous ont fait, et que se montrer ingrat à leur égard, c'est les frustrer de l'estime qu'ils méritent.

2. — Les enfants ingrats envers leurs parents et envers leurs maîtres se rendent de bonne heure coupables d'une faute grave ; n'écoutant que l'inspiration de l'orgueil et de leur mauvais cœur, ils s'exposent à être abandonnés de ceux mêmes qui leur voulaient du bien, et ils se rendent indignes de vivre en société.

3. — La vertu opposée à l'ingratitude est la **reconnaissance**, qui nous fait reconnaître et louer la générosité de nos bienfaiteurs, en attendant que nous puissions les payer de retour et leur rendre au centuple le bien qu'ils nous ont fait, si l'occasion s'en présente.

RÉSUMÉ. — L'ingrat oublie les services reçus ; c'est un être méprisable. — Je ne veux pas être un ingrat ; je me rappellerai tout ce que je dois à mes parents, à mes maîtres, à ma patrie, à la société ; je remplirai mes devoirs de reconnaissance.

XXXIII. — De l'indiscrétion.

SOMMAIRE.— 1. En quoi consiste l'indiscrétion. — 2 Comment on peut se montrer indiscret. — Que dénote l'indiscrétion ?

1. — L'**indiscrétion** consiste à révéler les secrets des autres. Quand ces secrets nous ont été directement confiés, elle est une véritable injustice, car en recevant la confidence d'un secret, nous nous engageons, au moins tacitement, à ne point le violer.

2. — On peut encore se montrer **indiscret** en cherchant à **surprendre les secrets des autres**, par exemple en **écoutant aux portes** ou en **regardant aux serrures** pour savoir ce qui se dit ou ce qui se passe dans un appartement ; en **lisant**, sans y être autorisé, **une lettre adressée à une autre personne** ; en **faisant parler de jeunes enfants** pour connaître des affaires de famille, etc. Ces manières d'agir sont des plus répréhensibles ; elles dénotent un manque d'éducation et n'inspirent que du dégoût à tout homme qui se respecte.

RÉSUMÉ. — L'indiscret cherche à connaître, pour s'en

servir malhonnêtement, ce que les autres veulent tenir caché.
— Je ne serai pas indiscret ; je n'écouterai pas aux portes : je
ne regarderai pas aux serrures ; je ne lirai pas les lettres qui
ne m'appartiennent pas ; je garderai les secrets qu'on me con-
fiera.

XXXIV. — De la flatterie.

SOMMAIRE. — 1. La flatterie. — 2. Comment elle est une
injustice. — 3. Pourquoi les enfants doivent éviter tout ce
qui ressemble à la flatterie.

1. — **La flatterie** est l'acte par lequel on cherche,
dans un but intéressé, à tromper les autres en leur
témoignant des sentiments exagérés qu'on n'éprouve
pas à leur égard.

2. — La flatterie est une véritable injustice, fondée
sur le **mensonge** et **l'intérêt**, d'une part, et de l'autre
sur la **vanité**.

3. — Les enfants doivent éviter tout ce qui peut
ressembler à la flatterie : loin de conquérir, par ce
moyen, les sympathies de leurs maîtres, ils donnent,
au contraire, de leur esprit et de leur cœur, une fâcheuse idée, et ne parviennent qu'à inspirer la
méfiance, car la flatterie est la compagne du mensonge.

RÉSUMÉ. — Le flatteur donne à son prochain des qualités
que celui-ci n'a pas ; il le trompe pour en tirer profit. — Je ne
flatterai personne ; je mépriserai les flatteurs ; je dédaignerai la
flatterie.

XXXV. — De l'envie.

SOMMAIRE. — 1. Qu'est-ce que l'envie ? — 2. Comment est-
elle une injustice ? A quoi porte l'envie ? — 3. Elle fait le
malheur de celui qu'elle possède — 4. Que doit faire un enfant
pour ne pas contracter ce vilain défaut ?

1. — **L'envie** est une disposition secrète à s'af-
fliger du bonheur des autres et à se réjouir de leur
malheur.

2. — Elle est une injustice, parce qu'elle est la source de toutes les injustices.

C'est l'envie, en effet, qui, le plus souvent, porte à dérober le bien d'autrui, à ravir l'honneur du prochain par la médisance et la calomnie, à ne point tolérer chez lui d'autres sentiments que ceux qui sont les nôtres, à lui manquer de respect, à violer les promesses qu'on lui a faites, à se montrer ingrat envers ses bienfaiteurs, etc. L'envieux va même jusqu'à flatter ceux à qui il veut nuire, afin de mieux cacher ses desseins et d'arriver plus sûrement à son but.

3. — **L'envie fait le malheur de celui qu'elle possède**; elle ne lui laisse aucun repos, l'expose au mépris de ses concitoyens, ferme son cœur à tout sentiment honnête, et le rend incapable d'aucune action généreuse.

4. — Pour ne pas contracter ce vilain défaut, un enfant doit s'appliquer à ne point désirer trop vivement ce que possèdent ses camarades; s'il est moins intelligent qu'eux, il s'efforcera, par un travail persévérant, d'obtenir quelques succès dans ses études; mais il ne s'affligera pas outre mesure, parce qu'il n'arrive pas aux premières places; il se fera, au contraire, un devoir de reconnaître la supériorité de ses condisciples, en considérant que l'envie ne remédie à rien, qu'elle nuit aux relations de bonne camaraderie, et que l'envieux se rend aussi malheureux que ridicule.

RÉSUMÉ. — L'envieux s'afflige du bonheur et se réjouit du malheur d'autrui. L'envie rend l'homme mauvais. — Je ne désirerai pas ce que mes camarades possèdent, je ne serai jaloux ni de leur intelligence, ni de leurs succès; je n'aurai pas de haine contre ceux qui seront mieux habillés et plus riches que moi.

XXXVI. — De la charité.

SOMMAIRE. — 1. Que signifie le mot *charité*? — 2. Différence entre la charité et la justice. — 3. A quelle condition la charité est-elle vraiment digne de ce nom ? — 4. Caractère essentiel de la charité.

1. — **Charité** veut dire **amour** : la charité est donc la vertu qui nous porte à aimer notre prochain.

2. — Il existe une différence sensible entre la **charité** et la **justice**. En effet, la charité nous fait ressentir pour nos semblables, quels qu'ils soient, un amour inépuisable ; elle nous porte à considérer tous les hommes, non seulement comme des personnes, mais comme des amis pour qui nous sommes disposés à nous imposer des sacrifices ; elle a pour principe cette belle maxime : **Faites aux autres ce que vous voudriez qui vous fût fait à vous-même.**

La justice nous demande seulement de ne faire à autrui aucun tort, de le respecter dans sa personne, dans ses biens, dans son honneur, de ne pas lui faire, en un mot, ce que nous ne voudrions pas qu'il nous fît. — **La charité est donc supérieure à la justice.**

3. — La charité ne peut vraiment mériter ce nom qu'à la condition d'être **respectueuse** de la dignité des autres ; en d'autres termes, quelle que soit la nature ou l'étendue des services rendus, on ne doit rien se permettre qui puisse humilier ceux qu'on oblige, ou porter atteinte à leur dignité. **L'amour sans le respect n'est pas l'amour** ; la charité qui ne respecte pas celui qu'elle soulage, qui blesse son amour-propre, et froisse ses convictions intimes, ne peut être assimilée à cette belle vertu dont la délicatesse fait tout le prix.

4. — **Le caractère essentiel de la charité, c'est le sacrifice,** c'est-à-dire l'abandon plus ou moins pénible, mais toujours volontaire, d'une partie de nos droits, le renoncement à des plaisirs permis, à un bien-être légitime, en vue de soulager notre prochain, d'éloigner de lui la souffrance, de lui rendre la vie moins dure, de le mettre, en un mot, dans une situation que nous désirerions pour nous-même, si le malheur venait à nous atteindre. **Dévouement, sacrifice, abnégation de soi-même,** voilà ce qui donne à

la charité son véritable caractère, ce qui la rend vraiment méritoire et en fait une vertu.

RÉSUMÉ. — La charité est l'amour du prochain. Elle repose sur cette belle maxime : « Faites aux autres ce que vous voudriez qui vous fût fait à vous-même. » Nous sommes obligés d'être justes, mais la charité ne peut pas nous être imposée : la charité est donc supérieure à la justice.

XXXVII. — Principaux devoirs de charité.

SOMMAIRE. — 1. La charité, extension de la justice. — 2. Principaux devoirs de charité. — 3. Comment on peut défendre la vie de son prochain. — 4. Comment on défend la liberté d'autrui. — 5. Qu'est-ce que défendre le prochain dans son honneur ? — 6. Répandre l'instruction est une œuvre de charité. — 7. C'est un devoir de charité de travailler au soulagement des souffrances du prochain.

1. — La **charité** n'étant que **l'extension de la justice**, il y a autant de devoirs de charité que de devoirs de justice.

2. — Nos principaux devoirs de charité consisteront donc :

1° A défendre, autant que nous le pourrons, la vie, la liberté et l'honneur du prochain ;

2° A répandre par l'instruction toutes les vérités utiles ;

3° A soulager les souffrances de nos semblables ;

4° A venir en aide aux indigents par l'aumône et la bienfaisance ;

5° A ne point porter envie à ceux qui nous entourent ;

6° A pardonner à nos ennemis le mal qu'ils nous ont fait, à leur rendre même le bien pour le mal.

3. — On peut défendre la vie du prochain : 1° en lui portant secours, par exemple s'il est attaqué soit par des malfaiteurs, soit par des animaux sauvages ou furieux ; 2° en essayant de le tirer d'un danger qui menace son existence, comme il arrive souvent dans les incendies, les inondations et les épidémies. La

charité nous ordonne même de **sacrifier au besoin notre vie** pour sauver celle de nos semblables :

Ceux qui ont tout en abondance doivent songer à ceux qui manquent du nécessaire.

arrivée à ce degré sublime, elle s'appelle **héroïsme** et mérite l'admiration de tous les hommes.

4. — On défend la liberté d'autrui quand on

empêche les autres de la lui ôter injustement ou
d'exercer sur lui une pression illégitime qui détruirait
la moralité de ses actes. C'est donc une action méri-

La charité nous ordonne de sacrifier au besoin notre vie pour sauver
celle de notre prochain.

toire de combattre l'esclavage par la parole, par la
plume et au besoin par les armes; c'en est une également de travailler à l'émancipation de certaines
classes laborieuses soumises à une sorte de servitude

imposée par des patrons avides, pour qui les ouvriers sont autant de machines que l'on peut surmener à volonté, afin d'en tirer le plus de profit possible.

5. — Défendre le prochain dans son honneur, c'est empêcher autant qu'on le peut la médisance et la calomnie ; c'est dresser pour ainsi dire une barrière entre le médisant ou le calomniateur et l'absent qu'on accuse.

Le plus sûr moyen d'y arriver, c'est de demander à celui qui médit des preuves de ce qu'il avance ; rarement il en pourra donner ; le sentiment de sa lâcheté le couvrira de honte, et il s'apercevra que les sympathies des honnêtes gens sont, non pas pour lui, mais pour celui dont il disait du mal.

6. — Non seulement nous avons le devoir de ne point tromper notre prochain et de respecter ses opinions et ses croyances, mais à ce devoir, en quelque sorte négatif, en correspond un autre d'un caractère positif, fécond en résultats et que notre conscience nous indique comme un des meilleurs moyens que nous ayons d'être utiles à nos semblables : il consiste à répandre activement, par tous les moyens en notre pouvoir, les vérités et les connaissances dont l'acquisition peut élever le niveau intellectuel et moral de ceux qui nous entourent. L'enseignement ainsi compris est une œuvre de charité ; car on ne peut rien faire de mieux que de travailler à augmenter la valeur morale de l'homme, en cultivant et en éclairant son intelligence, en lui donnant des notions sur toutes les choses qu'il peut et doit connaître, en dissipant ses préjugés, en un mot, en faisant de lui un être aussi parfait que le permet sa nature.

7. — La simple justice nous fait un devoir de respecter nos semblables dans leur sensibilité en leur épargnant la souffrance ; notre conscience nous dit que nous devons aller plus loin ; elle fait à chacun de nous une obligation de procurer à son prochain tout le bien que nous désirerions pour nous-mêmes ; elle nous commande de lui épargner les chagrins, les tristesses, qui rendent parfois l'existence si pénible.

D'ailleurs, cette préoccupation du bonheur d'autrui élève l'âme, fortifie les bons sentiments, améliore l'homme tout entier, le rend plus digne du bonheur, et lui permet d'atteindre une de ses fins, qui est son perfectionnement moral.

RÉSUMÉ. — Voici comment je pratiquerai la charité : Je défendrai ceux qui sont menacés dans leur vie, dans leur liberté ; je ne souffrirai pas qu'on calomnie mes semblables ; je répandrai la vérité autant que je le pourrai ; je soulagerai la souffrance ; je ferai l'aumône ; je pardonnerai à mes ennemis.

XXXVIII. — De la bienfaisance et de l'aumône.

SOMMAIRE. — 1. En quoi consiste la bienfaisance ? — Comment on peut être bienfaisant. — 2. Qu'est-ce que l'aumône ? — A qui doit-elle s'appliquer et comment doit-elle être faite pour être vraiment utile ?

1. — **La bienfaisance** consiste à venir en aide

Donnez, riches, l'aumône est sœur de la prière.

V. HUGO.

aux indigents. On peut être bienfaisant de deux manières, soit en payant de sa personne, comme celui qui veille un malade ou qui travaille à la place d'un malheureux ouvrier pour élever sa famille, soit en donnant de l'argent à ceux qui sont dans le besoin. La première manière est de beaucoup supérieure à la

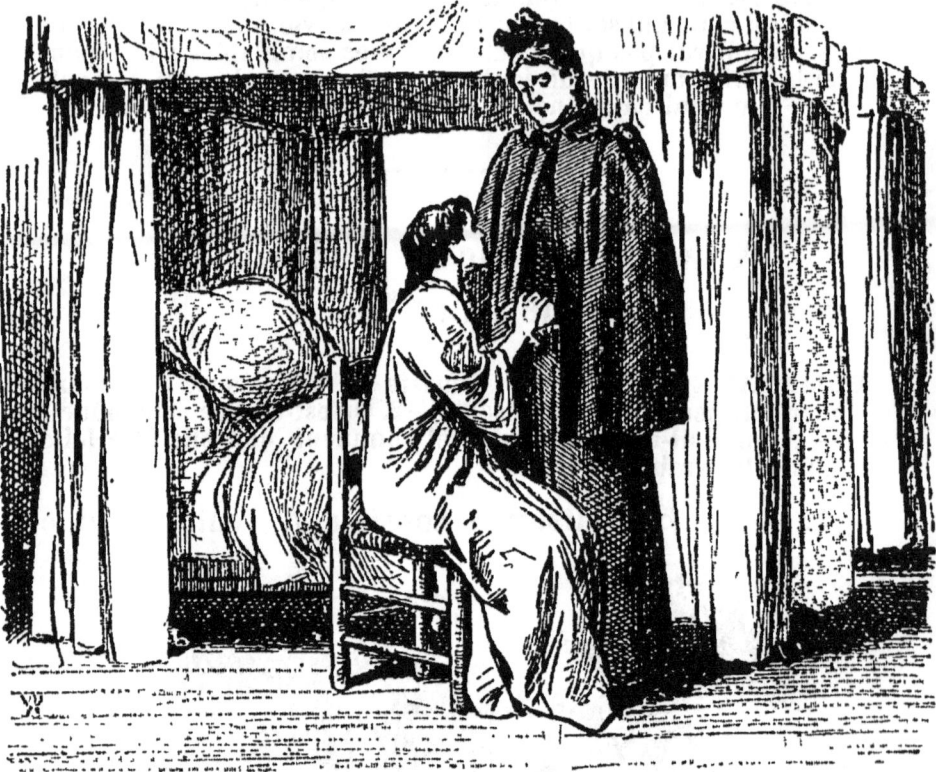

On peut être bienfaisant en payant de sa personne, comme celui qui veille un malade.

seconde, mais celle-ci n'est pas non plus sans mérite et sans valeur aux yeux de la morale.

2. — **L'aumône**, qui est la forme la plus ordinaire de la bienfaisance, consiste à donner une partie de son superflu. Pour être vraiment utile, l'aumône doit s'appliquer à ceux qui sont réellement dans le besoin. Trop souvent on donne au hasard, c'est-à-dire mal. Faite de cette manière, l'aumône ne produit aucun

bien durable... Donner à ceux que le vice dégrade, ce n'est plus faire l'aumône, c'est encourager le vice lui-même. Si nous voulons être vraiment bienfaisants, aidons avant tout le malheureux à se procurer du travail. Donnons-lui les instruments nécessaires pour accomplir sa tâche, tirons-le de la misère en lui laissant sa dignité d'homme libre ; surtout ne pensons pas être quittes envers lui parce que nous aurons laissé tomber dans sa main quelques pièces de monnaie qui l'aideront à vivre quelques jours peut-être, mais qui ne pourraient assurer son relèvement à ses propres yeux, ni lui créer une place honorable dans la société de ses semblables.

RÉSUMÉ. — Soigner un malade, donner de l'argent à un pauvre, c'est être bienfaisant. — Je ferai l'aumône à ceux qui méritent d'être soulagés ; je n'encouragerai pas le vice ; j'aiderai matériellement et moralement, de tout mon pouvoir, ceux que le malheur immérité accable et décourage.

DEVOIRS DE L'HOMME ENVERS LUI-MÊME.

XXXIX. — Division de ces devoirs.

SOMMAIRE. — 1. Deux sortes de devoirs. — 2. Développement de la volonté, de la sensibilité, de l'intelligence.

1. — L'homme étant composé d'une **âme** et d'un **corps**, a deux sortes de devoirs à remplir envers lui-même :

1° Les devoirs ayant pour objet la **conservation** et le **perfectionnement de sa personne morale** ;

2° Ceux qui se rapportent au **développement de la partie physique de son individu**.

2. — Les trois facultés de l'âme que nous avons avant tout le devoir de développer sont : la volonté, la sensibilité et l'intelligence.

XL. — Devoirs relatifs à la volonté.

SOMMAIRE. — 1. L'homme n'a pas le droit d'aliéner sa liberté. — 2. Ce qu'il doit faire sous ce rapport. — 3. Vertus au développement desquelles la volonté a une grande part.

1. — La **volonté** faisant de l'homme un être libre et responsable, ne peut être aliénée sans qu'il y ait infraction à la loi morale.

2. — Nous avons donc pour première obligation de ne point abdiquer cette faculté au profit de nos semblables, ni de la laisser tomber sous le joug d'habitudes ou de passions mauvaises. Nous devons, au contraire, la fortifier de jour en jour, afin de nous montrer constamment dignes de la belle qualité d'êtres libres, qui élève l'homme au-dessus de toutes les créatures.

3. — Les vertus au développement desquelles la volonté a une grande part sont: le **courage**, la **patience**, la **constance** et l'**esprit d'initiative**.

RÉSUMÉ. — La volonté permet à l'homme d'agir librement. Les excès de toute nature affaiblissent cette faculté ; la culture de l'intelligence, au contraire, la fortifie. C'est donc un devoir pour chacun de nous d'apprendre à penser sainement et à vouloir ensuite.

XLI. — Du courage.

SOMMAIRE. — 1. Qu'est-ce que le courage? — 2. Que doivent faire les enfants pour acquérir cette vertu? — 3. La lâcheté, opposée au courage.

1. — La **persévérance dans la volonté** se nomme le **courage** ; c'est l'habitude de vouloir le bien et de l'accomplir, même au prix de quelques sacrifices.

2. — Le **courage** est une vertu que les enfants doivent s'efforcer d'acquérir. Ils y arriveront s'ils le veulent sérieusement, et pour cela ils devront : 1° se familiariser avec l'idée du péril ; 2° se livrer à des

exercices propres à développer en eux la fermeté dans les circonstances critiques, la hardiesse ou l'intrépidité nécessaire pour se tirer du danger ou en tirer les autres ; 3° contracter l'habitude de souffrir sans se plaindre, et quand ils auront commis une faute ou qu'ils seront malades, recevoir avec fermeté un châtiment mérité, supporter sans faiblesse une opération

C'est le courage qui nous donne la hardiesse et l'intrépidité nécessaires pour tirer les autres du danger.

douloureuse, se rappelant que, sans courage, on n'est pas véritablement un homme, et que les actes d'héroïsme, dans la vie civile comme dans la vie militaire, n'ont d'autre source que cette belle vertu, secondée par le patriotisme et le désir de se rendre utile à ses semblables.

3. — L'opposé du courage est la **lâcheté**, qui prend aussi les noms de **faiblesse** et de **pusillanimité**. C'est le défaut de ceux dont le caractère n'est pas encore formé, ou qui n'ont pas une notion exacte des obligations que leur impose leur dignité d'homme.

2***

RÉSUMÉ. — Vouloir le bien et l'accomplir, c'est être courageux ; or je veux avoir du courage — Dès maintenant je souffrirai sans me plaindre ; je supporterai avec patience de petites incommodités ; je ne trouverai pas trop pénible une punition méritée ; plus tard je ferai bravement mon devoir de soldat.

Lecture.

Les enfants doivent s'accoutumer à vaincre le sentiment ou plutôt l'instinct de la peur, et notamment celle qu'inspirent les ténèbres.

Voici à ce sujet un trait que raconte un célèbre écrivain français, Jean-Jacques Rousseau, et qui se rapporte à sa propre enfance :

« J'étais à la campagne, en pension chez un ecclésiastique appelé M. Lambercier ; j'avais pour camarade un cousin qui était singulièrement poltron, surtout la nuit. Je me moquai tant de sa frayeur, que M. Lambercier, ennuyé de mes vanteries, voulut mettre mon courage à l'épreuve. Un soir d'automne, qu'il faisait très obscur, il me donna la clef de l'église, et me dit d'aller chercher dans la chaire la Bible qu'il y avait laissée. Il ajouta, pour me piquer d'honneur, quelques mots qui me mirent dans l'impuissance de reculer.

« Je partis sans lumière : il fallait passer par le cimetière ; je le traversai gaillardement.

« En ouvrant la porte, j'entendis à la voûte un certain retentissement que je crus ressembler à des voix, et qui commença d'ébranler ma fermeté. La porte ouverte, je voulus entrer ; mais à peine eus-je fait quelques pas, que je m'arrêtai. En apercevant l'obscurité profonde qui régnait dans ce vaste lieu, je fus saisi d'une terreur qui me fit dresser les cheveux ; je rétrograde, je sors, je me mets à fuir tout tremblant. Je trouvai dans la cour un petit chien nommé Sultan, dont les caresses me rassurèrent. Honteux de ma frayeur, je revins sur mes pas, tâchant pourtant d'emmener avec moi Sultan, qui ne voulut pas me suivre. Je franchis brusquement la porte, j'entre dans l'église. A peine y fus-je entré, que la frayeur me prit, mais si

fortement, que je perdis la tête ; et, quoique la chaire
fût à droite, et que je le susse très bien, ayant tourné
sans m'en apercevoir, je la cherchai longtemps à
gauche ; je m'embarrassai dans les bancs, et ne
savais plus où j'étais ; et, ne pouvant trouver ni la
chaire ni la porte, je tombai dans un bouleversement
inexprimable. Enfin, j'aperçois la porte, je viens à bout
de sortir de l'église, et je m'en éloigne comme la première fois, bien résolu de n'y jamais rentrer seul qu'en
plein jour. Je reviens jusqu'à la maison. Prêt à entrer,
je distingue la voix de M. Lambercier, mêlée à de
grands éclats de rire. Je les prends pour moi d'avance,
et, confus de m'y voir exposé, j'hésite à ouvrir les
portes. Dans cet intervalle, j'entends Mlle Lambercier
s'inquiéter de moi, dire à la servante de prendre la
lanterne ; et M. Lambercier se dispose à me venir
chercher, escorté de mon intrépide cousin, auquel on
n'aurait pas manqué de faire l'honneur de l'expédition.
A l'instant, toutes mes frayeurs cessent et ne me lais-
sent que celle d'être surpris dans ma fuite ; je cours.
Je vole à l'église sans m'égarer, sans tâtonner, j'arrive
à la chaire, j'y monte, je prends la Bible, je m'élance
en bas ; en trois sauts je suis hors du temple dont
j'oubliai même de fermer la porte ; j'entre dans la
chambre, hors d'haleine ; je jette la Bible sur la table,
effaré, mais palpitant d'aise d'avoir prévenu le secours qui m'était destiné. »

XLII. — De la patience.

SOMMAIRE. — 1. Qu'est-ce que la patience ? — 2. Comment
elle s'acquiert. — 3. Les enfants doivent contracter l'habitude
de la patience. — 4. L'impatience mène à la colère.

1. — La **patience** est la vertu qui fait supporter les
adversités, les douleurs, les injures, les défauts d'autrui, le mal en général, avec modération et sans mur-
mure.

2. — Comme toutes les vertus, la patience s'acquiert

par l'**exercice** et l'**énergie dans la volonté** ; elle est indispensable dans le commerce de la vie.

3. — Les enfants doivent contracter l'habitude de la patience dans leurs relations avec leurs condisciples et avec les personnes chargées de les élever ; ils n'oublieront pas que la patience est à l'âme ce que l'exercice est au corps. qu'elle fait des hommes énergiques et courageux, qu'elle est un élément de bonheur dans la vie, et que, sans la patience aidée de la bonne volonté, il n'est aucun progrès possible en instruction comme en éducation.

4. — Le vice opposé à la patience est l'**impatience**, qui mène à la **colère**.

RÉSUMÉ. — C'est la patience qui nous fait supporter sans nous plaindre les ennuis et les contrariétés. Il est bon de s'habituer à la patience. — Je répondrai sans brusquerie aux questions de mes camarades ; je ne discuterai pas bruyamment ; j'écouterai sans colère les reproches qu'on me fera.

Lecture.

Le roi d'Espagne, Philippe II, avait passé la nuit entière à faire des dépêches. Vers le point du jour, il les donna à son secrétaire, qui les étala toutes sur une table pour y mettre les adresses. Pour qu'elles ne s'effaçassent pas, le secrétaire voulut y mettre du sable, mais comme il était à moitié endormi, au lieu du sablier, il prit l'encre, et la répandit tellement que tout l'ouvrage de la nuit fut perdu. Philippe lui dit tranquillement : « Voilà l'encrier, et voici le sablier. » Et sans montrer d'impatience, sans faire de reproches, il se mit à récrire ce que l'inattentif secrétaire avait gâté.

XLIII. — De la colère.

SOMMAIRE. — 1. Qu'est-ce que la colère ? — 2. Son action sur le corps. — 3. Ses conséquences au point de vue moral. — 4. Que doivent faire pour se corriger de la colère ceux qui y sont naturellement enclins ? — 5. Quelle doit être à cet égard la règle de conduite d'un enfant dans ses rapports avec ses camarades ? — 6. Avec ses maîtres ? — 7. Cette habitude de la patience est nécessaire dans les relations sociales.

1. — La **colère** est une violente émotion de l'âme, une sorte de folie passagère dans laquelle l'homme perd la conscience de ses actes, cesse de distinguer le bien du mal et ressemble à un animal furieux plutôt qu'à une créature raisonnable : elle est fille de l'or-

La colère nous porte à toutes sortes de violences contre ceux qui nous entourent.

gueil, qui ne peut supporter la contradiction ; c'est la plus petite et la plus vile des passions, puisqu'elle nous jette hors des voies de la raison et nous ôte le libre usage des belles facultés qui nous élèvent au-dessus des autres créatures.

2. — La colère, chez ceux qui s'y abandonnent fréquemment, peut être la cause de maladies graves ; son action sur le corps est tellement violente qu'elle occasionne parfois la mort.

3. — Outre les désordres physiologiques qu'elle en-

gendre, la colère a pour effets : 1° d'altérer le caractère et de le rendre de plus en plus emporté à mesure qu'on s'y laisse entraîner plus souvent ; 2° de nous porter à toutes sortes de violences contre ceux qui nous entourent ; 3° d'empêcher le développement des sentiments d'affection qui constituent l'esprit de famille ; 4° d'éloigner de nous les personnes d'un caractère paisible, qui évitent avec soin la société de celles qui sont violentes et emportées.

4. — Ceux qui sont naturellement enclins à la colère, doivent, pour se corriger de ce défaut : 1° s'appliquer à dominer leurs passions, à vaincre leurs penchants mauvais, quels qu'ils soient ; 2° ne pas se laisser aller à l'orgueil, mais pratiquer plutôt l'humilité ; 3° ne point agir, et même éviter de parler dans un moment d'émotion ; 4° régler tous leurs désirs et ne point exiger des autres plus que ne le veut la raison ; 5° enfin se modeler sur les personnes qui apportent de la modération dans leurs actes, s'exercer à la patience et envisager souvent les suites regrettables que peut avoir un mouvement de colère.

5. — Un enfant, eût-il même été provoqué par un camarade, ne doit pas se laisser aller à lui répondre avec trop de vivacité, ni employer à son égard des termes injurieux qu'il n'emploierait pas s'il était de sang-froid ; à plus forte raison, il évitera les contestations bruyantes, qui dégénèrent en rixes ; il se fera au contraire une règle de la douceur et de la patience dans ses relations avec ses condisciples, et se conciliera ainsi leur estime et leur sympathie.

6. — Toujours respectueux envers ses maîtres, il ne cédera jamais à la tentation de s'emporter contre eux ; s'ils le réprimandent ou s'ils le punissent, comme il sera persuadé qu'ils le font dans son intérêt, il ne répondra à leurs observations par aucune parole malsonnante, par aucun geste de mauvaise humeur.

7. — Cette habitude de la contrainte volontaire, de la patience dans les relations, lui servira plus tard pour supporter aisément les contradictions et les ennuis qui ne lui seront pas épargnés dans la vie.

RÉSUMÉ. — La colère est une sorte de folie passagère qui rend l'homme injuste et brutal. Elle éloigne de nous la sympathie et l'affection. — Je ferai tout mon possible pour éviter la colère ; je m'habituerai à la contradiction ; je me souviendrai que je peux me tromper dans mes affirmations ; je ne répondrai pas lorsque je n'aurai plus mon sang-froid.

Lecture.

Un jour d'été, qu'il faisait fort chaud, le vicomte de Turenne, en petite veste blanche et en bonnet, était à la fenêtre dans son antichambre. Un de ses gens survient, et, trompé par l'habillement, le prend pour un aide de cuisine avec lequel ce domestique était familier. Il s'approche doucement par derrière, et, d'une main qui n'était pas légère, lui applique un grand coup. L'homme frappé se retourne à l'instant. Le valet voit en frémissant le visage de son maître. Il se jette à genoux, tout éperdu : « Monseigneur, j'ai cru que c'était Georges. » — « Et quand c'eût été Georges, s'écrie Turenne en se frottant, il ne fallait pas frapper si fort. »

XLIV. — De la constance.

SOMMAIRE. — 1. Qu'est-ce que la constance ? — 2. Que doivent faire les enfants pour acquérir cette vertu ? — 3. A quoi est exposé l'homme inconstant ?

1. — La **constance** est la vertu qui affermit notre âme dans ses résolutions, ses projets, ses désirs ; c'est l'énergie employée à l'achèvement de ce qu'on a commencé, la force de mettre en pratique les sages conseils qu'on a reçus, de persévérer dans la bonne voie, sans se laisser détourner du but par les difficultés de toutes sortes que l'on peut rencontrer.

2. — Légers, mobiles et inconstants par nature, les enfants doivent s'appliquer, dès qu'ils ont l'âge de raison, à rendre leur esprit et leur caractère plus solides en faisant tous leurs efforts pour acquérir la

constance et la fermeté. Pour cela, ils soigneront toujours leurs devoirs d'écoliers, se livreront au travail avec assiduité, resteront fidèles aux bons préceptes qui leur sont donnés en classe et dans leurs familles, ne fréquenteront que de bonnes compagnies, surveilleront leur propre conduite, se corrigeront chaque jour de leurs petits défauts, rompront avec leurs inclinations mauvaises, en un mot, travailleront sans cesse à leur perfectionnement moral.

3. — L'homme qui n'a pas de bonne heure contracté l'habitude de la constance dans ses résolutions et dans ses actes est exposé à toutes sortes de mécomptes ; son caractère mobile et incertain le rend peu propre aux luttes de la vie ; le malheur l'abat aisément ; victime de son imprévoyance et de sa mollesse, il succombe là où d'autres triomphent après quelques efforts; incapable d'assiduité dans le travail, il n'arrive à rien, et de quelque intelligence qu'il soit doué, il se laisse devancer et surpasser par ceux qui, moins favorisés que lui sous ce rapport, ont fermement voulu atteindre un but, y ont consacré toutes les énergies de leur volonté, toute la force de leur caractère, toutes les ressources de leur esprit.

RÉSUMÉ. — Si je continue à bien travailler, j'obtiendrai le certificat d'études et je devrai ce résultat à ma constance. — Pour acquérir cette qualité, je soignerai mes devoirs d'écolier ; je serai attentif pendant la classe ; je mettrai en pratique les bons préceptes qu'on m'y donne ; je ne me découragerai pas si j'éprouve des échecs.

XLV. — De l'esprit d'initiative.

SOMMAIRE. — 1. En quoi consiste l'esprit d'initiative ? — 2. Les enfants doivent le développer en eux. — 3. Avantages qu'ils en retireront dans l'avenir.

1. — **L'esprit d'initiative** consiste à entreprendre en temps convenable et à faire ce qu'il faut pour réussir. Celui qui le possède n'attend pas seulement les événements, il les provoque, les dirige et leur

fait produire les résultats qu'il en attend. S'il ne peut supprimer les difficultés, il les simplifie autant qu'il est en lui et les empêche d'être un obstacle à la réalisation de ses desseins.

2. — Les enfants possèdent, à des degrés divers, l'esprit d'initiative ; mais ils doivent le développer en eux, en se laissant toutefois, à cause de leur inexpérience, guider par les personnes préposées à leur éducation.

3. — Cette précieuse faculté leur servira utilement quands ils seront arrivés à l'âge d'homme ; elle leur permettra de se créer des ressources, d'entreprendre des travaux, de fonder des industries, des établissements commerciaux qui apporteront la vie dans des contrées peu favorisées, en un mot, elle les mettra à même de se rendre utiles à eux-mêmes et à leurs semblables.

RÉSUMÉ. — L'enfant qui imagine un nouveau jeu, l'ouvrier qui perfectionne une machine, font preuve d'esprit d'initiative. — Je chercherai à acquérir cet esprit ; j'observerai les choses qui m'entourent ; je suivrai attentivement les leçons de travail manuel, qui développeront chez moi cette précieuse qualité.

DEVOIRS RELATIFS A LA SENSIBILITÉ

XLVI. — De la tempérance.

SOMMAIRE. — 1. Qu'est-ce que la tempérance ? — 2. Principales vertus qui s'y rapportent.

1. — La **tempérance** est la vertu qui porte à la modération dans les désirs et dans les plaisirs, qui fait qu'on ne s'abandonne point aux passions, c'est-à-dire aux mouvements violents et désordonnés du cœur, et qu'on garde en toutes choses une juste mesure.

2. — Les principales vertus qui se rapportent à la tempérance sont : la **sobriété**, la **décence** ou le respect de soi-même, l'**égalité d'humeur**, la **simplicité**, l'**humilité**.

XLVII. — De la sobriété.

SOMMAIRE. — 1. Qu'est-ce que la sobriété ? — 2. Ses principaux avantages. — 3. La gourmandise. — L'ivrognerie. — 4. A quoi conduit l'intempérance ? — 5. Résolution à prendre et habitudes à contracter par un enfant à cet égard.

1. — La **sobriété** est la vertu qui consiste à ne prendre que la nourriture nécessaire à l'entretien et à la réparation des forces, à choisir des aliments sains et simplement apprêtés, à rejeter tout excès et toute recherche dans le boire et dans le manger, comme contraires à la santé et à l'esprit d'économie qui doit exister chez tout homme soucieux de son avenir et de celui de sa famille.

2. — La sobriété a pour l'homme de précieux avantages. D'abord, en le soustrayant à l'esclavage des besoins physiques, elle le laisse en pleine possession de lui-même ; de plus, elle est pour lui une garantie à peu près certaine de santé, de gaieté, de bonheur ; enfin, elle lui permet de se livrer aisément aux travaux de sa profession et de conserver jusqu'à la fin l'usage de ses facultés.

3. — **Le vice opposé à la sobriété** est la **gourmandise**, dont la forme la plus ordinaire et la plus abjecte est l'**ivrognerie**, qui fait perdre la raison à l'homme et le ravale au-dessous du niveau de la bête.

4. — L'**intempérance** conduit à la maladie et à la ruine ; elle est la cause des infirmités précoces, des désordres de l'intelligence, de l'affaiblissement de la volonté ; elle use la sensibilité, abrutit celui qui s'y livre, ou exalte ses passions mauvaises et ne lui laisse en perspective qu'une vieillesse dégradée par les excès, quand toutefois elle n'amène pas une mort

prématurée ; enfin, par les dépenses inutiles qu'elles occasionnent, les habitudes d'intempérance sont les causes les plus ordinaires de la ruine et du malheur des familles.

5. — Un enfant doit prendre la résolution de n'être jamais gourmand, contracter l'habitude de ne prendre de nourriture qu'aux heures des repas, cesser de manger dès qu'il n'a plus faim, ne pas boire de vin pur ni de liqueurs fortes, ne manger de friandises que le moins possible, et choisir celles qui ne peuvent fatiguer son estomac ; il se rappellera fréquemment ce précepte du sage : **Il faut manger pour vivre et non pa vivre pour manger.** En agissant ainsi, il évitera les indigestions, suites honteuses et parfois fatales de la gourmandise ; il conservera sa santé et s'assurera une jeunesse forte et une vie exempte d'infirmités.

RÉSUMÉ. — La sobriété conserve la santé et l'intelligence. — Je serai sobre ; je ne mangerai qu'aux heures des repas ; je ne serai pas gourmand ; je m'abstiendrai des liqueurs fortes ; je me souviendrai que l'ivresse abrutit l'homme et mettrai en pratique ce sage précepte : « Il faut manger pour vivre et non pas vivre pour manger. »

XLVIII. — De la décence.

SOMMAIRE. — Qu'est-ce que la décence ? — Dans quel sentiment elle a sa source. — 2. A quoi doivent s'accoutumer les enfants au point de vue de la décence.

1. — La **décence** est la vertu de celui qui ne manque ni à sa dignité personnelle ni aux égards qu'il doit aux autres ; elle a sa source dans le sentiment de respect que tout homme doit avoir pour sa propre personne et pour la personne d'autrui, à cause de sa dignité d'homme qui le place au-dessus de toutes les autres créatures.

2. — Afin d'acquérir des habitudes de décence dans les paroles et dans les actes, les enfants doivent s'exprimer en toute circonstance d'un ton poli et réservé, ne jamais proférer de paroles grossières,

comme le font seules les personnes en colère et mal élevées, appeler les gens par leur nom et ne se servir à leur égard d'aucun de ces sobriquets stupides, inventés par des esprits étourdis ou méchants ; n'insulter personne par des paroles ou des gestes offensants ; avoir une démarche naturelle et simple ; ne rien exagérer dans leur manière de s'habiller ; veiller enfin sur tous les actes intérieurs et extérieurs, de manière à n'avoir rien à se reprocher en ce qui concerne la pudeur et à n'être point exposés à rougir d'eux-mêmes aux yeux de leur propre conscience.

RÉSUMÉ. — Je parlerai poliment ; je n'imiterai pas ceux qui disent des paroles grossières ; je ne donnerai pas de sobriquets à mes camarades ; je ne me ferai remarquer ni par mes manières, ni par ma démarche, ni par le choix ridicule de mes vêtements : en agissant ainsi, je serai décent.

XLIX. — De l'égalité d'humeur.

SOMMAIRE. — 1. Qu'est-ce que l'égalité d'humeur ? — 2. Est-ce un don naturel ? — Comment on peut l'acquérir. — Ses avantages.

1. — **L'égalité d'humeur** est la qualité des personnes bien douées, dont la sérénité d'esprit n'est point troublée par les événements heureux ou malheureux qui peuvent survenir dans la vie.

2. — Quoique cette qualité soit un don naturel, puisque tous nous naissons avec un caractère plus ou moins heureux, cependant, par une bonne volonté soutenue, en développant en nous l'esprit de réflexion, nous pouvons l'acquérir jusqu'à un certain point ; notre intérêt même nous commande de le faire, car l'égalité d'humeur est une source de tranquillité, de bonheur paisible que ne connaissent pas ceux qui s'abandonnent à la violence de leurs passions.

RÉSUMÉ. — Je m'efforcerai d'avoir une humeur toujours égale ; je ne me mettrai pas en colère et je ne me laisserai pas aller à la tristesse, au découragement.

L. — De la simplicité.

SOMMAIRE. — 1. Qu'est-ce que la simplicité ? — 2. Comment serons-nous modérés dans nos idées ? — 3. Dans nos goûts ? — 4. En quoi consiste la modération dans les sentiments ?

1. — **La simplicité** est la modération dans nos idées, dans nos goûts, dans nos sentiments.

2. — Nous serons modérés dans nos idées si nous savons être modestes, si, après un succès, nous ne concevons pas une trop haute idée de notre personne, nous estimant à notre juste valeur et reconnaissant volontiers chez les autres des qualités au moins égales à celles que nous pouvons posséder nous-mêmes.

3. — Nous serons modérés dans nos goûts quand nous aurons contracté l'habitude de ne désirer que des choses d'une utilité réelle ; quand nous saurons résister à la tentation de posséder celles que nous interdit notre condition dans la société ou notre fortune personnelle ; quand enfin nous n'envisagerons le plaisir que comme une diversion nécessaire au travail de chaque jour et non comme le but de la vie, sachant au contraire nous imposer quelques privations, afin d'entretenir en nous cette modération des goûts qui contribue largement au bonheur.

4. — La modération dans les sentiments consiste à maintenir dans de justes bornes les affections qui tendraient à devenir trop vives, à jouir du bien sans transports exagérés, à supporter le mal avec constance, considérant les joies et les douleurs comme des accidents naturels de la vie humaine, qui est soumise, quoi que nous fassions, à des alternatives bonnes ou mauvaises.

RÉSUMÉ. — La simplicité est une vertu aimable. Je serai simple dans ma tenue : si je suis ouvrier, je ne m'habillerai pas comme peut le faire un homme très riche ; si je remporte un modeste succès, je ne serai pas vaniteux ; je ne me montrerai pas ridicule dans mes affections.

LI. — De l'humilité et de l'orgueil.

SOMMAIRE. — 1. En quoi consiste l'humilité. — Dans quel sentiment elle a son origine. — A quoi elle conduit celui qui la pratique. — 2. L'orgueil, vice opposé à l'humilité. — 3. Que penser de l'orgueilleux, et quelle est sa punition ?

1. — **L'humilité** est la vertu qui consiste à s'oublier soi-même, à détourner de soi l'attention des autres et la sienne propre ; elle résulte chez l'homme du sentiment intime de ses faiblesses, de ses défauts, de ses vices ; elle le conduit à la perfection en excitant en lui le désir d'acquérir les qualités qui lui manquent, en le mettant en garde contre les suggestions perfides de l'égoïsme, de l'envie, de la jalousie, contre les dérèglements de toutes sortes auxquels l'expose la faiblesse de sa nature.

2. — Le vice opposé à l'humilité est **l'orgueil**, qui nous porte à nous élever au-dessus des autres et à nous préférer à eux.

3. — L'orgueilleux, se rendant insupportable à tous, n'est aimé de personne ; sans cesse occupé de lui-même, traitant avec mépris ceux qui l'entourent, il est bientôt abandonné de ses semblables ; la haute opinion qu'il a de sa prétendue supériorité le rend facilement dur et insolent ; violant constamment les règles de la justice et de la charité, il ne saurait prétendre à l'estime des personnes avec qui il est appelé à vivre, ni à l'affection de ses proches ; les joies si douces de la famille lui sont inconnues ; le ridicule et le mépris sont la juste récompense de sa manière de penser et d'agir.

RÉSUMÉ. — L'orgueilleux se croit supérieur à tout le monde, c'est pourquoi personne ne l'aime. — Je serai modeste dans ma tenue et dans mes actes ; je n'oublierai pas que j'ai des défauts ; je saurai reconnaître et apprécier les qualités d'autrui ; s'il m'arrive de me tromper, j'avouerai que j'ai tort.

Lecture.

Le charbonnier et le gentilhomme.

Carlo Nobis est fier, parce que son père est noble et riche. — M. Nobis, assez grand, ayant l'air sérieux et distingué, accompagne presque tous les jours son fils à l'école.

Hier matin, Nobis s'était querellé avec Betti, un des petits, le fils d'un charbonnier, et, ne sachant que lui dire parce qu'il se sentait dans son tort, il s'écria : « Ton père n'est qu'un gueux ! » Betti rougit, ne répondit rien ; mais ses yeux se remplirent de larmes. Rentré chez lui, il répéta à son père ce qu'avait dit Nobis. Aussi, après le repas, voilà le père Betti, un petit homme tout noir, qui vient se plaindre au professeur. Pendant qu'il exposait sa plainte, au milieu d'un grand silence, le père de Nobis, qui aidait comme d'habitude son fils à enlever son pardessus à la porte, entendit le charbonnier prononcer son nom. Il entra pour savoir ce dont il s'agissait.

« C'est ce brave homme, répondit M. Perboni, le professeur, qui vient se plaindre, parce que votre Carlo a dit à son enfant : « Ton père n'est qu'un « gueux ».

M. Nobis fronça le sourcil et rougit un peu : « Est-il vrai que tu as dit cela ? » demanda-t-il à son fils.

Celui-ci, debout au milieu de la classe, le front baissé devant le petit Betti, ne répondit pas.

Son père le prit par le bras et le poussa tout contre Betti, de façon qu'ils se touchassent presque :

« Demande-lui pardon », dit-il.

Le charbonnier voulut s'interposer en disant : « Non, non », mais le gentilhomme n'en tint pas compte et répéta à Carlo :

« Demande-lui pardon. Répète mes paroles : « Je « te demande pardon, Betti, du mot injurieux, insensé,

« que j'ai prononcé contre ton père, auquel le mien
« est fier de serrer la main. »

Le charbonnier fit un geste de vive opposition,
mais M. Nobis ne s'y arrêta pas, et son fils dut s'exé-
cuter en disant à voix basse, sans oser lever les yeux,
les paroles que son père lui répétait une à une.

M. Nobis tendit alors sa main au charbonnier, qui
la lui serra avec force, et poussa ensuite son fils dans
les bras de Carlo Nobis.

« Faites-moi la faveur de les mettre l'un à côté de
l'autre », dit le comte en s'adressant au professeur.

M. Perboni mit Betti sur le banc de Carlo.

Quand ils furent placés, M. Nobis salua et sortit.
« Souvenez-vous, mes enfants, de ce que vous venez
de voir, nous dit le professeur: c'est la plus belle
leçon de l'année. »

Grands cœurs, par DE AMICIS.

DEVOIRS RELATIFS A L'INTEL-
LIGENCE

LII. — De l'ordre.

SOMMAIRE. — 1. Comment l'homme a-t-il des devoirs
envers son intelligence ? — 2. Cultiver son intelligence est un
devoir et une action morale. — 3. Le travail ne suffit pas pour
développer notre intelligence ; il faut en outre avoir de
l'ordre.

1. — L'homme étant une créature raisonnable,
capable de réfléchir, de se connaître lui-même et de
connaître les choses, a pour devoir de développer en
lui cette faculté maîtresse qui le distingue de la brute,
et qui s'appelle l'intelligence.

2. — S'il n'est pas donné à tous d'être savants,
c'est un devoir pour chacun de cultiver son intelligence par l'étude, d'acquérir les connaissances au

moins nécessaires pour la gestion de ses propres affaires, d'agrandir le champ de ses idées, de se donner des pensées plus justes sur toutes choses, en un mot de développer en soi les facultés intellectuelles qui forment le plus bel apanage de l'homme. Celui qui agit ainsi essaye d'atteindre le but de sa destinée ; la science acquise par un travail soutenu, par l'effort qui triomphe des distractions et de la paresse, a une véritable valeur morale ; ses résultats ne sauraient être mauvais, car la justesse des idées, l'étendue du savoir, en nous permettant de juger plus sainement des choses, facilitent la pratique du bien et l'acquisition des vertus sans lesquelles il n'est point de bonheur.

3. — Pour assurer le développement rapide de nos facultés intellectuelles, le travail seul ne suffit pas ; il faut encore mettre chaque chose à sa place et faire chaque chose en son temps, il faut **avoir de l'ordre**, c'est-à-dire posséder cette vertu fondamentale, si importante dans la vie sociale et dans la vie intellectuelle, sans laquelle on n'arrive à aucun résultat pratique dans le domaine de l'instruction comme dans celui de l'éducation.

RÉSUMÉ. — L'homme a le devoir de développer son intelligence. Pour arriver promptement à un bon résultat, le travail seul ne suffit pas, il faut mettre chaque chose à sa place et faire chaque chose en son temps, c'est-à-dire avoir de l'ordre.

LIII. — Avantages de l'ordre.

SOMMAIRE. — 1. Les trois avantages de l'ordre. — 2. Comment l'ordre soulage la mémoire. — 3. Influence de l'ordre sur la santé, la liberté d'esprit, la régularité dans l'accomplissement des devoirs. — 4. L'ordre dans les affaires est une condition du succès.

1. — L'ordre a trois avantages : il **soulage la mémoire**, il **ménage le temps**, il **conserve les choses**.
2. — Par l'ordre que nous apportons dans nos travaux, nous retrouvons facilement, au moment précis où nous en avons besoin, les connaissances

3*

acquises autrefois, les dates, les faits, les principes, les raisonnements, les expériences, les règles qui constituent un ensemble de connaissances, et assurent le succès des études.

3.　Notre santé dépend presque toujours de la manière de régler l'emploi de notre temps, la succession de nos travaux; l'homme rangé détermine avec soin les heures consacrées à l'étude, aux affaires, au sommeil, au repos ; de cette manière, il conserve ses forces, sa liberté d'esprit, et n'est exposé à négliger aucun de ses devoirs envers les autres et envers lui-même.

4. — Enfin, l'ordre dans les affaires est une condition de succès; sans lui, pas d'économie possible, et, dans les classes laborieuses, pas d'aisance pour les vieux jours : **moins on possède, plus il importe de ménager.**

RÉSUMÉ — L'ouvrier qui a de l'ordre soigne les outils qu'il possède et les trouve dès qu'il en a besoin. Aussi on peut dire que l'ordre soulage la mémoire, ménage le temps et conserve les choses.

LIV. — Des habitudes d'ordre chez l'enfant.

SOMMAIRE. — 1. Nécessité des habitudes d'ordre pour l'enfant. — 2. Ce qu'il doit faire sous ce rapport dans sa famille. — 3. En classe.

1. — **Un enfant doit contracter de bonne heure l'habitude de l'ordre.**

2. — Dans sa famille, il rangera soigneusement ses vêtements, ses jouets, tous les objets à son usage ; il aidera ses parents, autant que possible, dans les soins du ménage, remettant chaque chose à sa place, ne dérangeant rien sans y être autorisé ; — il distribuera bien son temps, réservant aux choses de l'école quelques instants de la soirée, repassant chaque matin les leçons sur lesquelles il pourrait être interrogé, faisant en temps opportun les devoirs écrits qui lui ont été indiqués.

3. — En classe, il n'omettra rien de ce que lui recommande son maître, il écoutera attentivement ses leçons, suivra ponctuellement les prescriptions du règlement, rangera promptement et avec soin ses livres et ses cahiers, observera le silence, ne parlera que lorsqu'il sera interrogé ; il se conduira, en un mot, comme un enfant bien élevé, aimant l'ordre en toutes choses, et n'ignorant point que cette belle vertu, si nécessaire aux hommes, ne l'est pas moins à ceux qui doivent le devenir.

RÉSUMÉ. — Je veux avoir de l'ordre parce que cela est utile. — Je soignerai mes cahiers et mes livres ; je les rangerai après m'en être servi. Je jouerai pendant la récréation, mais je travaillerai en classe. Je mettrai chaque jour mes outils en ordre quand je serai ouvrier.

LV. — Du travail.

SOMMAIRE. — 1. Qu'est-ce que le travail ? — 2. Nécessité et avantages du travail pour l'homme au point de vue physique, moral et intellectuel. — 3. Comment le travail contribue à notre bonheur.

1. — Le **travail** est l'application de notre activité à une chose ayant un but utile.

2. — Imposé à l'homme par les conditions mêmes de son existence, le travail est d'une nécessité absolue. Sans lui, en effet, l'homme ne pourrait ni se nourrir, ni se loger, ni se vêtir, la société ne pourrait subsister, l'industrie, les arts, les sciences seraient choses inconnues, la vie deviendrait impossible. De plus, par sa nature et ses effets, le travail est d'une importance capitale pour le développement de nos facultés. Il les exerce, les discipline, les fortifie ; c'est par lui seul qu'elles produisent tout leur effet, que l'homme est véritablement homme, et qu'il peut atteindre le but pour lequel il a été créé.

3. — Quoique le travail nécessite une certaine peine, on peut dire qu'il est **la source des vrais plaisirs**. D'abord, il nous conserve plus dispos, plus sensibles

à toutes les jouissances saines et délicates ; il nous préserve du dégoût, de l'ennui, il est la meilleure condition de la paix intérieure, et, comme l'a dit un philosophe, le plus sûr garant de la paix publique ; on peut même ajouter qu'il prolonge notre vie par l'exercice salutaire qu'il procure à nos organes, à la condition toutefois de n'être pas excessif et de se

Le travail nous préserve du dégoût et de l'ennui ; il est la source des vrais plaisirs.

maintenir dans les justes bornes qu'indiquent le bon sens et la raison.

RÉSUMÉ. — Le travail est imposé à tous les êtres ; il est la source du progrès ; grâce à lui, l'homme peut se nourrir, se vêtir, se loger. Le travail est sain : il entretient le corps en bonne santé et procure la gaieté de l'esprit.

LVI. — De la dignité du travail.

SOMMAIRE. — 1. Le travail ne peut être considéré comme une obligation pénible à laquelle nous devons autant que possible nous soustraire. — 2. Sa nécessité pour l'individu et pour la société. — 3. Honneur au travail ; respect au travailleur.

1. — Le **travail** étant la condition essentielle du

développement de nos plus belles facultés, nous ne pouvons, sans nous mettre en contradiction avec la loi morale, le considérer comme une **obligation pénible**, à laquelle nous devons autant que possible nous soustraire.

2. — Tout d'abord sa **nécessité** s'impose à chaque instant de notre existence ; rien de ce qui sert aux usages de la vie, notre nourriture, nos vêtements, nos habitations, ne s'obtient sans travail ; lui seul rend **l'homme entreprenant et inventif**, il est **la source de tout progrès, l'agent le plus actif de la civilisation** ; sans lui, pas de bonheur pour l'individu, pas de bien-être social , car **la société ne se soutient que par l'effort commun de tous les travailleurs.**

3. — On ne doit donc pas dire que le travail est une malédiction pour l'homme, ni se croire amoindri aux yeux de ses semblables, parce qu'on exerce une profession, un métier quelconque, utile à soi-même et à la société : **honneur au travail, respect au travailleur**, telle sera notre devise ; c'est la seule qui convienne à l'homme vraiment libre, au citoyen soucieux des intérêts de son pays, au père de famille qui songe à l'avenir de ses enfants.

RÉSUMÉ. — Le travail est nécessaire, mais il est honorable. L'homme qui fait usage de son intelligence ou de ses bras pour gagner sa vie et celle de sa famille est plus digne d'estime que le paresseux. — Honneur au travail ! Respect au travailleur !

LVII. — Comment on peut diviser le travail.

SOMMAIRE. — 1. Division du travail en deux catégories. — Deux sortes de professions, serviles et libérales. — 2. Cette division n'est pas absolument exacte. — 3. Le travail manuel est aussi honorable que le travail intellectuel.

1. — On peut diviser le **travail** en deux catégories : le **travail manuel** et le **travail intellectuel.**

De là deux sortes de professions, les professions

serviles et les professions **libérales**. Les premières
sont ainsi appelées en souvenir des **serfs**, auxquels,
au moyen âge, on réservait les travaux pénibles, et
les secondes parce que les **hommes libres**, quand ils
travaillaient, n'en exerçaient pas d'autres.

2. — Cette division n'est pas absolument exacte,
car, dans toutes les professions, sans exception, il
faut travailler de la tête aussi bien que du corps. Par
exemple, un **cordonnier**, un **tailleur**, un **maçon** font
d'autant mieux leur ouvrage qu'ils y apportent plus
d'intelligence; de même un **professeur** n'a pas
besoin seulement· d'un grand savoir, mais encore
d'une bonne voix pour se faire entendre, d'une poitrine robuste pour résister aux fatigues de l'enseignement.

3. — Le **travail manuel** est aussi **honorable** que
le **travail intellectuel** : tout métier qui peut nourrir
honnêtement celui qui l'exerce est un bon métier.
Ne faisons donc fi d'aucune profession, gardons-
nous de dédaigner un métier qui nous ferait vivre
pour un emploi qui n'assurerait qu'à grand'peine
notre existence; n'ayons aucune honte d'être ouvriers, et n'envions pas le paletot du bureaucrate ; si
notre conduite est bonne, si nous sommes laborieux
et honnêtes, nous aurons l'estime des gens de bon
sens, de ceux qui pensent avec raison que le travail,
quelle qu'en soit la nature, ennoblit l'homme, et que
faire œuvre de ses dix doigts, manier le marteau, le
rabot ou la scie, est aussi noble et aussi beau que
copier des mémoires, faire des comptes ou rédiger des
quittances dans un bureau quelconque.

RÉSUMÉ. — Le forgeron utilise surtout ses bras ; le médecin
fait plutôt usage de son intelligence ; l'un est un travailleur
manuel, l'autre un travailleur intellectuel. Tous les métiers sont
également honorables. L'homme oisif seul mérite le mépris.

LVIII. — De la paresse.

SOMMAIRE. — 1. Qu'est-ce que la paresse? — 2. Le paresseux est coupable envers Dieu, envers la société, envers lui-même. — 3. A quels devoirs manque l'enfant qui s'abandonne à la paresse ? — 4. A quoi s'expose l'enfant paresseux ? — 5. L'ignorance est une conséquence naturelle et nécessaire de la paresse.

1. — La **paresse** est une disposition de notre âme qui nous porte à négliger nos devoirs, et particulièrement ceux de notre profession.

2. — Le travail étant la loi générale, la condition de toute existence humaine, enfreindre cette loi en se livrant habituellement aux douceurs de l'oisiveté, c'est se rendre coupable envers Dieu, auteur de la loi morale, envers la société, qui ne subsiste que grâce au travail de tous, et envers soi-même; car le paresseux, incapable du moindre effort, compromet ses intérêts moraux et matériels, néglige le perfectionnement de ses facultés et se rend incapable d'atteindre le but pour lequel il a été créé.

3. — L'enfant qui s'abandonne à la paresse offense ses parents, qui ne lui demandent, pour prix de leur sollicitude, qu'un travail proportionné à ses forces; il manque aussi au respect dû à ses maîtres en méconnaissant les soins dont ils l'entourent, en repoussant leur zèle, en ne montrant aucune bonne volonté dans ses devoirs d'élève.

4. — Un enfant paresseux s'expose à contracter toutes sortes de mauvaises habitudes, toutes sortes de vices honteux dont il lui sera impossible ou tout au moins difficile de se défaire plus tard. Il devient aisément menteur, médisant, calomniateur, gourmand, voleur; il perd même bientôt la notion du bien et du mal et en arrive à méconnaître les préceptes les plus élémentaires de la morale.

Aussi tout le monde le méprise, ses maîtres lui retirent leur estime, ses parents leur affection ; il n'a pas de camarades qui l'aiment véritablement; isolé

parmi ses condisciples, à charge à lui-même, n'ayant
dans l'esprit que de mauvaises pensées, il prend peu
à peu en haine tous ceux qui l'entourent, laisse en-
vahir son cœur par la jalousie, ignore les joies si
douces de l'amitié et se prépare un avenir exempt de
bonheur.

5. — **L'ignorance** est une **conséquence naturelle
et nécessaire de la paresse.**

En effet, chez le paresseux, l'intelligence inactive
reste stationnaire au lieu d'avancer; il n'y a pour lui
aucun progrès possible ni dans les sciences ni dans
les arts. Mauvais élève, il n'emporte de l'école qu'un
bagage insignifiant de connaissances élémentaires qu'il
s'empresse d'oublier bientôt; incapable d'aucun effort
sérieux, il lui est à peu près impossible d'apprendre
un métier; son ignorance le suit partout; l'atelier est
pour lui un lieu de supplice, il le déserte pour les amusements grossiers qui agiteront son âme toujours en-
gourdie.

RÉSUMÉ. — Le paresseux est un être inutile; il manque
à ses devoirs envers lui-même et envers la société. — Je ne
serai pas paresseux; je travaillerai pour obéir à la loi universelle, pour prendre de bonnes habitudes, pour conserver ma
dignité et me procurer l'aisance.

Lecture. — *Coutume hollandaise.*

Quand un homme fort et en état de travailler, fait,
en Hollande, le métier de mendiant, on le saisit, on
le descend dans un puits profond, et on lâche un robi-
net. Si le patient ne pompait sans relâche, il serait
bientôt noyé. Pendant que ce malheureux travaille,
de graves Hollandais font des paris sur le bord du
puits: l'un gage que cet homme est lâche et paresseux, et que l'eau va l'ensevelir. L'autre soutient le
contraire. Enfin, après quelques heures, on retire le
mendiant plus mort que vif, et on le renvoie avec
cette utile leçon de travail.

LIX. — De l'économie.

SOMMAIRE. — 1. L'économie accompagne presque toujours l'amour du travail. — 2. L'économie est une vertu. — 3. Comment les enfants s'habitueront à l'économie.

1. — **L'économie** accompagne presque toujours **l'amour du travail.** Il est bien rare, en effet, que l'homme laborieux ne soit pas en même temps économe ; comprenant l'importance du travail pour le présent et pour l'avenir, il est généralement peu disposé à en gaspiller les fruits et sait mettre de côté une partie de ce qu'il gagne, afin d'assurer autant que possible la tranquillité de ses vieux jours.

2. — **L'économie est une vertu** dans le véritable sens du mot, car elle suppose un effort de la volonté pour atteindre un but louable. En effet, celui qui épargne se prive volontairement d'une foule de jouissances, de plaisirs qu'il pourrait se permettre comme tant d'autres ; il fait donc acte de tempérance et de fermeté ; de plus, par l'économie, il se crée des ressources qui lui permettront d'élever sa famille, d'établir ses enfants, d'envisager l'avenir sans trop de crainte, de conserver la liberté d'esprit nécessaire pour bien remplir ses devoirs, faisant ainsi œuvre de prudence et de prévoyance, tout en contribuant pour sa part à l'amélioration matérielle et morale de la société.

3. — Les enfants s'habitueront à l'économie en mettant de côté une partie de l'argent destiné à leurs menus plaisirs, en plaçant cette réserve à la caisse d'épargne ou en l'employant à des œuvres utiles, ils renonceront de bonne heure aux friandises nuisibles ou aux jouets inutiles, ne se livreront point aux jeux de hasard, aux amusements trop coûteux ; en un mot, ils s'exerceront à la modération dans leurs désirs, afin de n'être point surpris quand viendra l'heure du travail sérieux et que pour eux auront commencé les difficultés de la vie.

RÉSUMÉ. — L'homme économe met de côté une partie de

ce qu'il gagne. Il pense qu'il pourrait être malade et qu'il deviendra vieux. — Je serai économe ; je soignerai les objets que je possède ; je ne gaspillerai pas l'argent qu'on me donnera ; plus tard je prélèverai sur mon gain une petite somme que je porterai à la caisse d'épargne ; j'éviterai les dettes.

Lecture.

La faim et la misère regardent quelquefois à la porte de l'homme laborieux, mais elles n'osent pas entrer. (Franklin.)

Paul Violaine venait de quitter son village pour la ville voisine, où il était entré dans un atelier de menuisier. Là se trouvaient réunis des compagnons de tout âge, qui avaient pour la plupart la fâcheuse habitude de fréquenter le cabaret.

— Viens-tu boire un coup avec nous? lui dirent-ils le lendemain de son arrivée ; il fait froid ce matin ; une goutte d'eau-de-vie nous réchauffera.

Paul hésitait.

— Allons, hâte-toi ; deux sous de plus ou de moins dans la poche, ce n'est pas une affaire; ne crains rien, va, cela ne t'empêchera pas de devenir millionnaire... si tu dois le devenir, ajouta le loustic de la troupe.

Poussé par une fausse honte, le jeune homme céda, entra, but un verre d'eau-de-vie, paya, et reprit avec les autres, sans trouver le brouillard moins froid, le chemin de l'atelier.

Non loin de là se trouvait un bureau de tabac; les camarades entrèrent ; Paul fit comme eux, acheta des cigares : encore deux sous de moins dans sa poche. Il fuma, ou plutôt essaya de fumer, car il n'en avait pas l'habitude ; il n'y éprouva aucun plaisir, au contraire : des étourdissements, des nausées furent la conséquence méritée de sa faiblesse.

Tout le jour, en rabotant et en ajustant des planches, il songeait à son aventure du matin, calculant que quatre sous par jour font soixante-treize francs par an, et se disant qu'avec soixante-treize francs on peut s'acheter des vêtements, des outils, toutes sortes de choses utiles, qu'on peut même placer cette petite somme à la caisse d'épargne, et qu'enfin il faut être bien sot de se rendre malade, tout en dépensant un argent gagné avec tant de peine.

Le soir, sa résolution est prise : il ne boira jamais d'eau-de-vie et ne fumera ni la pipe, ni le cigare, ni même l'inoffensive cigarette.

Le lendemain, les bons camarades reviennent à la charge ; les quolibets redoublent ; bientôt on en vient aux paroles blessantes : « Monsieur est bien fier ; il dédaigne les amis ; on s'en souviendra », et mille autres aménités du même acabit. Mais Paul reste inébranlable ; il déclare que l'eau-de-vie et, le tabac lui font mal, et prie qu'on le laisse en repos.

Cinq ans plus tard, il se trouvait à la tête d'un capital de quinze cents francs ; le moment était venu pour lui de s'établir ; il choisit pour compagne une ouvrière laborieuse, intelligente et économe, lui acheta un modeste fonds de lingerie qu'elle tenait pendant qu'il travaillait chez son patron. — Enfin, un beau jour, il s'établit à son compte, eut des ouvriers, et mena si bien ses affaires qu'il est maintenant un des principaux menuisiers et marchands de meubles de la région.

Ses anciens camarades sont pour la plupart restés de simples ouvriers pour qui l'économie n'est qu'un mot vide de sens, et que la pauvreté guette avec la vieillesse ; mais ils ont eu, suprême consolation, la satisfaction de boire chaque jour plusieurs petits verres et de fumer de nombreuses cigarettes.

LX. — De l'avarice.

SOMMAIRE. — 1. Qu'est-ce que l'avarice ? — 2. L'avare ne peut être charitable.

1. — **L'avarice est un amour excessif des richesses, un attachement immodéré** à ce qu'on

possède; c'est un des vices les plus honteux et les plus
bas, car l'avare n'amasse que pour amasser; il se
refuse même le nécessaire et néglige ses devoirs les
plus essentiels pour accroître sans cesse une fortune
qui lui devient inutile, puisqu'il n'en fait pas bon
usage.

L'avare ne possède pas son or, c'est son or qui le possède.

2. — **L'avarice est plus opposée à l'économie que
la libéralité**, a dit un moraliste; celui qui en est
possédé ne saurait être charitable, son cœur reste
fermé à tout sentiment généreux, et sa main ne s'ou-
vre jamais pour venir au secours de l'indigent; il
pèche donc contre la loi morale et mérite la pitié,
sinon le mépris des autres hommes.

RÉSUMÉ. — L'avare n'aime que l'argent; il le préfère à sa
famille, à ses semblables. — Je ne serai pas avare; je ne me
priverai pas du nécessaire; j'économiserai pour n'être jamais
dans la misère et au besoin pour soulager mon prochain.

LXI. — De la prodigalité.

SOMMAIRE. — 1. En quoi consiste la prodigalité. — 2. A quoi elle conduit infailliblement.

1. — La **prodigalité** consiste dans l'emploi déraisonnable de nos ressources, dans le gaspillage de notre fortune, sans règle et sans discernement ; elle est l'indice d'un **caractère faible**, d'une **grande imprévoyance**, ou la conséquence de l'**orgueil**, qui veut éblouir pour être admiré.

2. — La prodigalité conduit infailliblement à la ruine ; celui qui donne sans compter s'expose à manquer un jour du nécessaire ; il compromet l'avenir de sa famille et recueille souvent le ridicule et l'ingratitude au lieu de l'admiration et de la reconnaissance de ceux mêmes qu'il a obligés sans mesure.

RÉSUMÉ. — Dépenser ce que l'on possède inutilement et sans compter, c'est être prodigue. La prodigalité conduit à la ruine. — Je ne serai pas prodigue, mais je me garderai aussi d'être avare.

LXII. — Devoirs relatifs à la vie corporelle.

SOMMAIRE. — 1. Le corps est l'instrument de l'esprit. — 2. Ce que devient celui qui s'abandonne à ses passions mauvaises. — 3. L'homme a des devoirs envers son corps.

1. — La conscience nous dit assez que notre corps est destiné à servir d'instrument à notre esprit, et non pas à en devenir le maître.

2. — Celui qui s'abandonne aux passions mauvaises, à l'intempérance, à l'ivrognerie, glisse facilement sur une pente où il ne peut se retenir ; il est peu à peu entraîné dans l'abîme, et, de chute en chute, il arrive à un état de dégradation dont il a honte lui-même quand il veut bien réfléchir aux conséquences de sa conduite.

3. — Dès lors, il devient évident que **l'homme a des devoirs envers son corps,** devoirs impérieux que commandent la morale et l'intérêt même de l'individu.

LXIII. — De la propreté.

SOMMAIRE. — 1. La propreté, premier de nos devoirs envers notre corps. — 2. Avantages matériels et moraux de la propreté. — 3. Ce que doit faire un enfant sous ce rapport. — 4. Inconvénients de la malpropreté ; graves désordres dont elle est la cause. — 5. La tempérance contribue pour une grande part à la conservation de la santé.

1. — Le premier de nos devoirs envers notre corps est la **propreté.**

2. — La propreté a de nombreux avantages. Elle est d'abord **une garantie à peu près certaine d'une bonne santé** : l'hygiène la met à la base de ses prescriptions. Or, la santé est une partie de notre force morale ; l'âme n'a pas la même vigueur dans un corps sain et robuste ; il importe donc, à ce point de vue, de maintenir toujours le corps dans un état suffisant de propreté.

De plus, **cette qualité,** dont on a dit qu'elle est une demi-vertu, **contribue à donner une bonne opinion de celui qui la possède ;** elle fait supposer chez lui des qualités d'un ordre plus élevé, un certain respect de soi-même, une certaine délicatesse, une certaine dignité. Enfin, **la propreté est un indice et une preuve de sociabilité et de déférence pour nos semblables;** elle est en quelque sorte le signe extérieur du respect que nous portons à la personne d'autrui.

3. — Le devoir d'un enfant, quelle que soit la condition de ses parents, est de **contracter de bonne heure des habitudes de propreté.** Il doit veiller à ce que ses vêtements ne soient jamais souillés de boue, les conserver propres le plus longtemps pos-

sible, laver ses mains et son visage, prendre soin de
sa chevelure, éviter les taches et les déchirures sur
ses livres et ses cahiers, se rappelant qu'ils ont coûté
quelque argent, et que ménager ses vêtements et ses
effets de classe, c'est donner à ses parents ainsi qu'à

Les enfants doivent contracter de bonne heure des habitudes
de propreté

son maître une preuve d'affection, de reconnaissance
et de respect.

4. — La **malpropreté** est une des principales
causes de nos maladies, la source d'une foule d'affections qui éloignent de nous ceux mêmes qui nous
portent le plus d'intérêt ; elle indique chez celui qui
s'y abandonne un manque de respect pour sa propre
personne et pour celle d'autrui ; enfin, elle dispose au
désordre moral : il est bien rare, en effet, que la malpropreté ne s'allie pas à quelque vice honteux, à quel-

que habitude dégradante qui témoigne d'une profonde ignorance ou d'un regrettable oubli de ses devoirs sociaux.

5. — Après la propreté, la vertu dont la pratique contribue le plus à la conservation du corps est **la tempérance,** qui nous préserve des défauts humiliants de la gourmandise et de l'ivrognerie, nous habitue à régler nos sentiments et nos désirs, et nous permet de conserver nos forces morales et intellectuelles, qu'affaiblissent les passions.

RÉSUMÉ. — Je sais que la propreté est recommandée par l'hygiène, qu'elle évite bien des maladies, qu'elle prouve qu'on a le respect de soi-même et des autres. — Je serai propre, parce que c'est mon devoir et mon intérêt ; je me laverai chaque jour le visage et les mains ; de temps en temps je me laverai le corps. Je ne ferai pas de taches sur mes vêtements, mes cahiers, mes livres.

LXIV. — Devoirs envers les animaux.

SOMMAIRE. — 1. Premier devoir de l'homme envers les animaux. — Pourquoi on ne doit pas leur infliger d'inutiles souffrances. — 2. Devoirs particuliers envers les animaux domestiques. — 3. La loi française punit ceux qui les maltraitent. — 4. Que penser des enfants qui dénichent les oiseaux ou les retiennent prisonniers ? — 5. Ce qu'ils devraient faire pour en assurer la conservation.

1. — L'homme a des **devoirs envers les animaux,** et le premier de ces devoirs c'est de **ne pas leur infliger d'inutiles souffrances.**

Quelque infimes qu'ils soient dans l'échelle des êtres, les animaux sont des créatures qui sentent, éprouvent du plaisir et de la douleur. Il y a donc cruauté à les faire souffrir, et cette cruauté devient de la lâcheté lorsqu'ils sont hors d'état de se défendre : la cruauté envers les animaux dispose à la cruauté envers ses semblables.

2. — Les animaux domestiques, surtout ceux qui nous aident dans nos travaux, comme le cheval, l'âne, le mulet, le bœuf, ont des droits particuliers à nos

soins. Nous devons les traiter avec douceur, ne pas leur imposer des tâches trop pénibles, des charges trop lourdes, les nourrir convenablement, leur laisser un repos suffisant pour réparer leurs forces, les soigner quand ils sont malades, enfin agir à leur égard avec tous les ménagements que comporte leur condition d'êtres inférieurs mais sensibles.

3. — La loi française interdit les mauvais traite-

Comme l'homme, les animaux éprouvent du plaisir et de la douleur : épargnons-leur la souffrance.

ments envers les animaux domestiques ; elle punit d'une amende le charretier brutal qui, sans raison, frappe son cheval sous prétexte de l'exciter au travail ou de punir son obstination à ne pas avancer. Mais lors même que la loi n'édicterait aucune peine pour des actions aussi blâmables, notre conscience nous commanderait de les éviter, d'accord en cela avec la conscience publique, qui réprouve tout acte de brutalité envers des créatures utiles et capables de ressentir la douleur.

4. — Les enfants qui détruisent les nids des oiseaux font preuve d'une grande étourderie ou d'un mauvais

cœur ; ils semblent oublier que les oiseaux sont les
plus utiles auxiliaires de l'agriculture, que sans eux
les insectes ravageraient nos jardins, nos récoltes,
que ces êtres inoffensifs et charmants sont attachés
à leurs jeunes couvées comme les parents le sont à
leurs enfants, et que les détruire c'est causer un
préjudice réel à la société et faire acte d'une inexcu-
sable et sotte cruauté.

Retenir les oiseaux prisonniers, uniquement pour
s'en amuser, est aussi une action blâmable qui
habitue l'enfant à faire passer le plaisir avant le
devoir et le dispose à l'égoïsme, à l'insensibilité, à la
dureté envers ses semblables.

5. — Bien loin de se livrer au plaisir barbare de
détruire les nids, les enfants devraient former entre
**eux de petites associations pour la protection des
oiseaux**, s'intéresser à leur conservation, et faire
tout ce qui dépend d'eux pour éloigner les dangers
qui les menacent ; ils s'exerceraient ainsi à la bienveillance, à la pitié, à la charité, vertus de premier
ordre, et ces bonnes habitudes, contractées dès le
jeune âge, les suivraient dans la vie, leur rendant
plus facile l'accomplissement de leurs devoirs sociaux.

RÉSUMÉ. — Je sais que les animaux sont des êtres sensibles, que beaucoup sont utiles, que la loi défend de les mal-
traiter. — Je ne les brutaliserai pas ; je les défendrai au besoin ;
je n'emprisonnerai pas les oiseaux ; je ne détruirai pas leurs
nids.

Lecture et Récitation. — *L'Oiseau.*

Enfants, vous avez pris un oiseau dans un champ,
Et vous voilà joyeux, et vous criez : victoire !
Et le pauvre petit, dans une cage noire,
Se plaint, et vous prenez sa plainte pour un chant.

Depuis longtemps déjà votre désir l'assiège.
En écoutant sa voix qui trahissait son vol,
Vous vous couchiez tremblant tout au long sur le sol,
Pour qu'il ne vous vît pas et qu'il se prît au piège.

Il va vous amuser ainsi jusqu'à demain,
Et pour ce court plaisir vous lui coupez les ailes
Tout en l'emprisonnant entre ces barreaux frêles,
Pour qu'il ne vole pas plus haut que votre main.

Et vous le regardez ainsi depuis une heure
Meurtrir son petit bec dans son étroit cachot,
Courir aux quatre coins, voler de bas en haut,
Avec le cri plaintif de toute âme qui pleure.

Et pourtant vous semez sa cage de muguets
Et de toutes les fleurs, ses anciennes compagnes ;
Mais cela ne vaut pas l'air des vastes campagnes
Et les chansons du soir dans les vastes bosquets.

Vous ne savez donc pas, enfants, quel saint mystère,
En becquetant partout, remplit l'oiseau pieux ?
Les petits sont dans l'arbre au fond du nid joyeux ;
Pour vous c'est un oiseau, mais pour eux c'est un père!

Il descend le matin du nid de mousse frêle
Pour prendre un peu de blé qu'il reporte là-haut,
Pour les faire grandir, puis afin que bientôt
Leur cri devienne un chant et leur duvet une aile.

Or, quand votre captif, qui crie et vous évite,
S'arrête en écoutant, c'est qu'il entend la voix
Des petits qu'il laissa dire du fond des bois :
« Nous allons tous mourir si tu ne reviens vite. »

Écoutez donc l'oiseau, respirez donc la rose,
Sans les prendre à la plaine, à l'air pur, au ciel bleu ;
Car toujours notre main à ce que créa Dieu,
Même en le caressant, enlève quelque chose.

ALEXANDRE DUMAS fils.

LXV. — Devoirs professionnels.

SOMMAIRE. — 1. Ce qu'on entend par devoirs professionnels.
— Exemples : l'avocat, le médecin. — 2. Devoirs particuliers
aux fonctionnaires publics.

1. — On entend par **devoirs professionnels** des

devoirs particuliers correspondant à la situation de chaque individu, à sa profession, à son état ; ils consistent, d'une manière générale, à bien remplir la tâche qui nous est confiée, à exercer avec conscience la profession que nous avons embrassée, et se résument en cette maxime : **fais bien ce que tu fais.**

Ainsi l'**avocat** est tenu de consacrer son savoir et son énergie à défendre les causes qui lui sont confiées et du succès desquelles dépendent souvent l'honneur, la fortune, quelquefois même la vie de ses clients ; le **médecin** doit être prêt à venir au secours des malades qui réclament ses soins, sans se laisser arrêter par les dangers que présentent certaines maladies contagieuses ou épidémiques, ni s'inquiéter de la situation pécuniaire de ceux qui s'adressent à lui.

2. — Les **fonctionnaires publics**, rétribués ou non, doivent apporter dans l'exercice de leur emploi le même zèle et le même scrupule qu'ils apporteraient dans la gestion de leurs propres affaires. Ils ont pour devoir la **ponctualité**, l'**exactitude** et l'**assiduité** à leurs fonctions, l'**attention** à bien remplir la tâche qu'ils ont entreprise librement, le **respect** pour leurs supérieurs, **la bienveillance** envers les personnes qui ont besoin de leurs services.

RÉSUMÉ. — Le mécanicien, le médecin, l'avocat, doivent remplir consciencieusement les devoirs de leur profession. Les fonctionnaires publics doivent être ponctuels, exacts, assidus. — Quel que soit mon métier, je m'acquitterai de ma tâche le mieux possible. J'aurai pour devise : « Fais bien ce que tu fais. »

LXVI. — Devoirs particuliers aux patrons et aux ouvriers ou employés.

SOMMAIRE. — 1. Principaux devoirs des patrons : 1° Au point de vue industriel ou commercial ; 2° envers leurs ouvriers ou employés. — 2. Devoirs des ouvriers ou employés envers leurs patrons. — Ce qu'ils doivent faire. — Ce qu'ils doivent éviter.

1. — Les **patrons**, **industriels** ou **commerçants**,

ont des devoirs particuliers résultant de leur situation sociale. Ils doivent veiller à ce que les marchandises fabriquées ou vendues soient de bonne qualité, surveiller eux-mêmes la marche de leurs affaires, ne pas compromettre, par des opérations hasardées, la sécurité de leur maison, d'où dépend la sécurité de ceux qu'ils emploient ; donner à leurs ouvriers et à leurs employés l'exemple du travail personnel, de bonnes directions et de bons conseils, leur témoigner de la bienveillance et ne pas exiger plus de travail qu'ils n'en peuvent donner, les associer même, s'il est possible, à leurs bénéfices, afin de se les attacher plus étroitement et de s'en faire autant d'amis.

2. — Les **ouvriers** et les **employés** doivent à leurs patrons le respect, l'obéissance et même une certaine reconnaissance pour les services qu'ils en reçoivent ; l'honnêteté leur fait une règle de bien employer leur temps, de n'en laisser perdre inutilement aucune partie, même quand ils ne sont pas surveillés, de s'appliquer à faire consciencieusement le travail dont ils sont chargés. Ils doivent éviter les réclamations injustes, les récriminations violentes, qui ne peuvent qu'aigrir leurs rapports avec les patrons, amener leur renvoi de l'atelier ou de l'usine et les exposer, eux et leur famille, aux inconvénients qui résultent toujours, pour l'ouvrier, de la cessation du travail.

RÉSUMÉ. — Si je suis industriel ou commerçant, je ne fabriquerai ou je ne vendrai que de bonnes marchandises. Je donnerai à mes subordonnés le bon exemple ; je serai bienveillant à leur égard. — Si je suis ouvrier ou employé, je ne perdrai pas mon temps ; je ferai bien mon travail ; je témoignerai du respect à ceux qui m'emploient.

LXVII. — Devoirs envers la patrie.

SOMMAIRE. — 1. Qu'est-ce que la patrie ? — 2. Chacun de nous a des devoirs envers la patrie. — 3. Quels sont ces devoirs ?

1. — La **patrie est le pays de nos pères**, celui

où, généralement, nous avons reçu le jour, où nous avons été élevés, où vivent nos amis et les membres de notre famille. C'est le pays dont nous parlons la langue, celui dont nous avons pris les coutumes et auquel nous rattachent les principaux souvenirs de notre vie.

2. — Quelle que soit notre position sociale, nous avons tous des devoirs envers la patrie. C'est d'elle, en effet, que nous avons tout reçu; ce sont ses lois, ses institutions qui nous ont faits ce que nous sommes; c'est elle qui nous élève, nous protège, nous donne la sécurité sans laquelle nulle société n'est possible; elle est donc jusqu'à un certain point notre mère, et à ce titre a sur nous des droits dont la réunion constitue nos devoirs.

3. — Notre premier devoir envers la patrie est la **reconnaissance** pour tous les bienfaits que nous en avons reçus. Nous devons ensuite l'**aimer**, la **respecter**, comme des enfants bien élevés aiment et respectent ceux qui leur font du bien; nous devons enfin la **servir** en toute circonstance, la **défendre** quand elle est attaquée, **nous dévouer** à son salut, **placer ses intérêts** avant les nôtres, la **préférer** à nous-même et à notre propre famille.

RÉSUMÉ. — La patrie est le pays de nos pères. La patrie nous a fait ce que nous sommes; elle nous protège et nous défend. — Je lui dois de la reconnaissance : j'aimerai ma patrie ; je la servirai : je la défendrai si on l'attaque ; je mourrai, s'il le faut, pour elle.

Lecture.

En 1815, Daumesnil, gouverneur de la citadelle de Vincennes, défendit cette place comme il l'avait défendue l'année précédente contre les troupes étrangères coalisées. Le général prussien Blucher lui écrivit pour le sommer de se rendre, lui offrant quinze cent mille francs.

Daumesnil répondit au porteur de la lettre : « Allez dire à votre général que je garde sa lettre et la place.

Cette dernière, pour la conserver au pays qui me l'a confiée ; la lettre, pour la donner en dot à mes enfants. Vous pouvez ajouter que, malgré ma jambe de bois, je me sens assez de force pour défendre la citadelle, ou pour faire sauter avec elle votre général et son armée. »

LXVIII. — Comment on peut servir la patrie.

SOMMAIRE. — 1. Chacun de nous doit se rendre utile à la patrie. — 2. Comment les différentes catégories de citoyens peuvent-ils servir la patrie ? — 3. Que peut faire un enfant pour la patrie ?

1. — Ce n'est pas assez d'être **disposé à mourir pour sa patrie**, il faut surtout **s'efforcer de bien vivre pour elle**, en mettant à son service les facultés physiques, intellectuelles et morales dont la nature a pourvu chacun de nous.

2. — Ainsi les **savants** la serviront en éclairant ses enfants ; les **industriels** et les **commerçants** en faisant prospérer la fortune publique ; les **cultivateurs** en fécondant son sol et en tirant de la terre, par un labeur intelligent, tout ce qu'elle peut donner ; les **ouvriers** en travaillant avec zèle, en pratiquant l'ordre, l'économie et toutes les vertus indispensables à ceux qui ont besoin du produit de leur travail quotidien ; les **fonctionnaires publics** en s'appliquant à remplir consciencieusement les devoirs de leur profession ; les **soldats** en se soumettant à la discipline, en respectant leurs chefs, en s'appliquant avec ardeur au maniement des armes, etc.

3. — Malgré son jeune âge, un enfant **sert** déjà sa **patrie** quand, en classe, il est docile à son maître, qu'il étudie bien ses leçons, qu'il s'applique à son travail, autant que le lui permettent ses facultés ; il la sert également s'il s'efforce d'acquérir les qualités qui distinguent l'enfant bien élevé, telles que les habi-

tudes d'obéissance, de respect envers ses parents, de déférence envers les personnes âgées.

Au contraire, un enfant paresseux, égoïste, grossier, fera plus tard un mauvais citoyen, inutile à son pays, qui ne pourra compter sur lui pour le défendre ou pour le relever aux yeux des autres nations.

RÉSUMÉ. — Le savant, l'industriel, le commerçant, le cultivateur, l'ouvrier, etc., travaillent à la prospérité de leur pays. Je serai un bon élève, un bon soldat, un travailleur consciencieux, un bon père de famille, un bon citoyen.

LXIX. — Devoirs des citoyens.

SOMMAIRE. — 1. Qu'appelle-t-on citoyen ? — 2. Premier devoir d'un citoyen. — 3. Importance de l'obéissance aux lois. — 4. Les trois principales obligations des citoyens.

1. — On appelle **citoyen** celui qui, dans un État, jouit de ses droits civils et politiques, c'est-à-dire qui peut prendre part, directement ou indirectement, à l'administration du pays.

2. — Le premier devoir d'un citoyen est l'**obéissance aux lois** de son pays et aux **magistrats** chargés de les appliquer.

3. — Sans l'obéissance aux lois, qui sont les mêmes pour tous les citoyens, il n'y aurait pas de nation possible. Si chacun était libre d'obéir, quand bon lui semble, à la règle qui est l'expression de la volonté générale, l'unité nationale serait bientôt compromise ; l'État ressemblerait à un tout dont les parties, n'ayant aucune cohésion, se désagrégeraient au moindre souffle ; il finirait par disparaître et avec lui la société, qui ne peut subsister sans l'ordre, dont l'obéissance à une règle supérieure est la première condition.

4. — Un citoyen respectueux des lois de son pays doit : 1° **payer l'impôt**; 2° **accomplir son service**

dans l'armée ; 3° voter quand il y est convié par
les pouvoirs publics.

RÉSUMÉ. — Sans l'obéissance aux lois, il n'y a pas de
société possible, pas de sécurité. — Je ferai tout ce que les lois
me commandent : je les respecterai, ainsi que ceux qui les
appliquent ; je paierai l'impôt ; j'accomplirai mon service militaire ; j'exercerai mon droit de vote.

LXX. — De l'impôt.

SOMMAIRE. — 1. Qu'est-ce que l'impôt ? — Sa répartition
entre les citoyens. — 2. L'impôt est une nécessité sociale. —
3. Il n'est pas permis de se soustraire au paiement de l'impôt.

1. — L'impôt est une somme votée par les délégués de la nation pour subvenir aux dépenses géné-
rales : cette somme est payée par tous les citoyens
dans des conditions déterminées à l'avance ; la répartition en est faite de la façon la plus équitable et de
manière que chacun ne verse dans le trésor public
que ce qu'il doit légitimement payer.

2. — La nécessité de l'impôt est évidente aux
yeux de tout citoyen qui ne raisonne pas de parti pris.
En effet, aucune société ne pourrait subsister sans
posséder des ressources suffisantes pour couvrir les
dépenses communes ; or, ces dépenses sont fort élevées dans un pays de quelque importance : la construc-
tion des routes, des chemins de fer, des télégraphes,
des canaux, des ports, qui favorisent le commerce et
l'industrie ; l'entretien d'une force publique, gar-
dienne de la sécurité générale ; la création d'écoles
pour les enfants du peuple, et une foule d'institutions
non moins utiles à tous, tout cela nécessite des
sommes considérables. Les services de tous genres
que nous rend l'État coûtent donc fort cher. Or, il est
juste que ceux qui en profitent en fassent les frais : de
là la nécessité de l'impôt.

3. — Il ne saurait être permis de se soustraire sans motifs au paiement de l'impôt.

Établi par les mandataires de la nation, qui seuls ont mission d'apprécier les nécessités sociales et de fixer les sommes destinées à subvenir aux besoins généraux, il est obligatoire pour tous, et refuser sans raison sérieuse de payer sa part de contributions, ou chercher à y échapper par le mensonge ou par la fraude, c'est agir en mauvais citoyen, peu soucieux des intérêts de son pays ; c'est essayer de voler l'État, c'est-à-dire la société dont on fait partie ; c'est par conséquent commettre une grave infraction à la loi morale.

RÉSUMÉ. — L'impôt est payé par tous les citoyens ; il est proportionné à la fortune que l'on possède. C'est grâce aux impôts que l'État peut faire construire des routes, des chemins de fer, des canaux, etc., entretenir l'armée, payer les fonctionnaires. Puisque nous profitons tous de ces choses, il est juste que nous en payions notre part.

LXXI. — Du service militaire.

SOMMAIRE. — 1. En quoi consiste le service militaire ? — 2 Tout citoyen valide doit le service militaire. — 3. Nécessité d'une armée nationale. — 4. Ce que doit faire un enfant pour devenir un bon soldat : gymnastique, bataillon scolaire, application en classe, habitudes d'obéissance, de politesse, de bonne tenue.

1. — Le **service militaire** consiste, pour les hommes jeunes et valides, à faire partie de l'armée pendant un nombre d'années fixé par la loi.

2. — A moins de circonstances exceptionnelles de l'importance desquelles l'État est seul juge, **chaque citoyen doit le service militaire**, afin de contribuer pour sa part à la sécurité et à la défense du pays ; c'est là une obligation à laquelle nul ne peut se soustraire volontairement sans commettre une lâcheté, une sorte de trahison à l'égard de sa patrie.

3. — Une armée nationale est absolument nécessaire chez un peuple qui veut faire respecter son honneur, défendre sa liberté, assurer l'intégrité de son
territoire. La sécurité qu'elle procure à l'intérieur, le
prestige qu'elle donne à l'extérieur, permettent le
développement de l'industrie, du commerce, des arts,
favorisent les relations avec les peuples voisins, facilitent les transactions avec les pays éloignés, l'établis-

Quand le tambour battra demain,
Que ton âme soit aguerrie.....

(V. DE LAPRADE.)

sement de comptoirs sur des côtes habitées par des
peuplades encore barbares, en un mot contribuent
puissamment au développement de la civilisation.

4. — Pour devenir un **bon soldat**, un enfant doit,
dès l'école primaire, suivre avec assiduité les cours
de gymnastique, s'exercer à marcher au pas, à chan-
ger de direction au signal donné, à courir aussi longtemps que le lui permettent ses forces, à franchir les
obstacles, à se maintenir en équilibre. S'il y a un
bataillon scolaire dans sa commune ou dans la ville

qu'il habite, il tiendra à honneur d'en faire partie, afin d'apprendre de bonne heure les exercices militaires auxquels il devra se livrer quand il sera appelé sous les drapeaux.

A d'autres points de vue, il s'appliquera sérieusement en classe, pensant souvent à ce qu'il doit à la

Chaque citoyen doit contribuer pour sa part à la sécurité et à la défense du pays.

patrie; il se soumettra volontiers à la discipline de l'école, y contractera des habitudes de propreté, de politesse, de bonne tenue; car un bon soldat n'est pas seulement celui qui connaît le maniement des armes, mais celui surtout qui respecte et honore ses chefs, qui a su développer en lui les facultés de l'esprit et les qualités du cœur, celui enfin qui aime son pays et se sent disposé à tout sacrifier, la vie même, pour son bonheur et pour sa gloire.

RÉSUMÉ. — En France, tous les citoyens valides sont soldats. L'armée défend la patrie contre l'étranger, assure la sécurité de chaque citoyen. Un pays est fort quand il a une bonne armée. — Pour devenir un bon soldat, je m'habituerai dès maintenant à la discipline ; je ferai de la gymnastique. Plus tard, au régiment, j'exécuterai de bon cœur les ordres de mes chefs ; j'endurerai sans murmurer les fatigues du métier de soldat.

LXXII. — Du vote.

SOMMAIRE. — 1. Qu'est-ce que le droit de vote ? — 2. Le vote est non seulement un droit, mais un devoir. — 3. On doit voter avec conscience, avec intelligence et librement.

1. — Le **droit de vote** est le droit que possède tout citoyen libre de désigner une ou plusieurs personnes à qui il accorde sa confiance pour remplir certaines fonctions publiques.

2. — Si le **vote** est un **droit** de l'homme libre, avec certaines conditions d'âge et d'honorabilité, il devient par là même un **devoir** dans un pays qui se gouverne lui-même, et où chaque citoyen exerce une partie de la souveraineté ; on ne peut donc, à moins de raisons extrêmement graves, se dispenser de se rendre au scrutin, ne fût-ce que pour montrer qu'on ne se désintéresse pas des affaires publiques.

3. — On doit **voter** avec **conscience**, avec **intelligence** et **librement**, c'est-à-dire n'accorder son suffrage qu'à des personnes honorables et que l'on croit capables de remplir leur mandat, ne se laisser influencer par aucune considération étrangère à l'élection, par aucune promesse de faveurs ou d'argent ; faire taire, en un mot, l'intérêt privé et n'avoir en vue que l'intérêt général.

RÉSUMÉ. — Puisque le droit de voter est donné en France à tous les citoyens honorables, je considérerai toujours comme une obligation l'exercice de mon droit d'électeur. Je voterai donc selon ma conscience, avec intelligence et librement. Je n'accorderai mon suffrage qu'à des personnes honorables et capables de remplir leur mandat.

LXXIII. — Devoirs envers Dieu.

SOMMAIRE. — 1. Qu'entend-on par devoirs religieux ? — 2. Nos principaux devoirs envers Dieu. — 3. Qu'est-ce que connaître Dieu ? — 4. L'aimer ? — 5. Le servir ? — 6. Être religieux ? — 7. Comment nous pouvons manifester nos sentiments religieux.

1. — On entend par **devoirs religieux** les devoirs de l'homme envers Dieu, c'est-à-dire envers un Être infiniment parfait, créateur et conservateur de toutes choses.

2. — Nos principaux devoirs envers Dieu sont de le **connaître**, de l'aimer, de le **servir**.

3. — **Connaître Dieu**, c'est lui faire hommage de notre intelligence, réfléchir à ses infinies perfections, méditer souvent sur sa nature, afin de nous pénétrer de plus en plus de ce que nous lui devons.

4. — **Aimer Dieu**, c'est lui offrir notre être tout entier, les facultés qui nous distinguent du reste des créatures, nos actions, nos pensées, nos joies, nos douleurs ; c'est nous rattacher à lui comme à l'Être par excellence, de qui tout dépend, qui tient nos destinées entre ses mains et dont la bonté pour nous n'a de limites que sa justice.

5. — **Servir Dieu**, c'est accomplir sa volonté en toutes choses, c'est-à-dire conformer nos pensées et nos actions à la loi morale, dont il est l'auteur ; c'est être non seulement juste, mais charitable à l'égard du prochain ; c'est agir toujours en vue de la perfection, afin de nous rapprocher de plus en plus de l'idéal, et d'accomplir notre destinée d'êtres intelligents et libres.

6. — **Être religieux**, c'est croire fermement en Dieu, en sa justice, en sa bonté ; c'est être convaincu que tôt ou tard le bien triomphera du mal ; c'est avoir foi en une Providence qui gouverne l'Univers dans ses moindres détails et donne à l'homme les moyens d'accomplir sa destinée.

7. — Nous pouvons manifester nos sentiments religieux : 1° **par la prière** qui est, suivant la belle expression de Bossuet, **une élévation de notre âme vers Dieu,** un élan de notre cœur vers Celui qui est la perfection même, pour lui demander la force de toujours remplir notre devoir : 2° par **des actes extérieurs** que nous accomplissons, soit isolément, soit en commun, avec d'autres personnes, ce qui constitue le **culte.**

RÉSUMÉ. — Dieu est le créateur de toutes choses ; les ministres de notre religion nous apprennent nos devoirs envers lui. Ces devoirs sont : de le connaître, de l'aimer, de le servir.

Lecture et Récitation. — *Dieu.*

Gloire à Dieu seul ! Son nom rayonne en ses ou·
Il porte dans sa main l'univers réuni.   [vrages ;
Il mit l'éternité par delà tous les âges,
Par delà tous les cieux il jeta l'infini.

Rien n'arrête en son cours sa puissance prudente,
Soit que son souffle immense, aux ouragans pareil,
Pousse de sphère en sphère une comète ardente,
Ou sur les bords du monde éteigne un vieux soleil.

L'homme n'est rien sans lui, l'homme débile proie,
Que le malheur dispute un moment au trépas.
Dieu lui donne le deuil ou lui reprend la joie ;
Du berceau vers la tombe il a compté ses pas.

Victor Hugo.

Ce Dieu, maître absolu de la terre et des cieux,
N'est point tel que l'erreur le figure à vos yeux ;
L'Eternel est son nom, le monde est son ouvrage,
Il entend les soupirs de l'humble qu'on outrage,
Juge tous les mortels avec d'égales lois,
Et du haut de son trône interroge les rois !

(Racine, Esther.)

ÉNONCÉS ET PLANS

RÉDACTIONS D'INSTRUCTION MORALE

---

1. — La charité. — Dans une lettre à l'un de vos camarades, malade depuis quelques jours, vous résumez une leçon qui vous a été faite en classe sur cette maxime : Aidons-nous les uns les autres.

PLAN. — 1. Entrée en matière : quelques mots sur la maladie de votre camarade ; — ce que vous souhaitez. — 2. Objet de votre lettre. — 3. Impression que la leçon du maître a produite en votre esprit. — 4. La société n'est possible qu'à la condition de s'aider mutuellement. — 5. Exemple : incendie, inondation, épidémie. — 6. Quelle que soit notre fortune et notre situation sociale, nous avons besoin de nos semblables. — 7. Conclusion : Mettons en pratique cette belle maxime qui résume les devoirs de fraternité.

2. — Soyez reconnaissants envers vos maîtres. — Au moment d'entrer en apprentissage, vous écrivez à votre instituteur pour le remercier des soins qu'il a pris de votre éducation et de votre instruction.

PLAN. — 1. Départ de l'école. — Rapide coup d'œil sur les huit ans que vous y avez passés. — 2. Il est temps de choisir une profession. — 3. Grâce à votre bon maître, vous savez lire avec intelligence, écrire correctement, rédiger et compter passablement. — 4. Vous lui en serez toujours reconnaissant. —

5. Comment vous emploierez vos moments de loisir. — 6. Vous demandez conseil à votre instituteur sur les livres que vous devrez lire de préférence.

3. — **Respect dû à la vieillesse**. — Lettre à votre ami Paul, qui s'est moqué d'un vieillard.

PLAN. — 1. Ce que vous avez appris. — 2. Quel sentiment vous avez éprouvé. — 3. La conduite de Paul vous paraît... — 4 Pourquoi nous devons respecter les vieillards : ils sont l'image de nos vieux parents ; — ils peuvent nous donner de bons conseils. — 5. Peut-être Paul deviendra-t-il vieux à son tour. — Que penserait-il si... — 6. Maxime à pratiquer : ne faites pas aux autres...

4. — **Le mensonge**. — Lettre à votre ami Louis, qui vous paraît contracter l'habitude du mensonge.

PLAN. — 1. Vous vous apercevez, depuis quelque temps, que Louis... — 2 Ce que vous éprouvez en voyant votre ami devenir... — 3. Laideur du mensonge. — 4 A quoi s'expose le menteur pour le présent et pour l'avenir. — 5. Le menteur n'est plus cru, lors même... — 6. Vous aimez à penser que... — 7. S'il en était autrement...

5. — **La politesse**. — Vous racontez à l'un de vos camarades que votre ami Paul, étant venu rendre visite à vos parents, s'est montré peu convenable dans sa manière de parler et dans sa tenue. — Vous faites suivre ce récit de quelques réflexions sur la politesse.

PLAN. — 1. Paul était poli avant son départ pour la pension. — 2. Sa visite à vos parents. — 3. Képi sur la tête, cigarette aux lèvres. — Sa conversation. — Sa tenue. — 4. Pourquoi vous racontez le fait à votre ami. — 5. Réflexions sur la politesse : en quoi elle consiste. — De quoi elle est l'indice. — Ses avantages. — 6. Ce qu'on pense de l'enfant impoli. — 7. Ne méritons pas l'épithète d'enfant mal élevé, que mon père a décernée à Paul.

6. — **La gourmandise**. — Résumé d'une leçon.

PLAN. — 1. En quoi consiste la gourmandise. — 2. Portrait de l'enfant gourmand. — 3. Dégoût qu'il inspire. — 4. A quoi il s'expose. — 5. La gourmandise conduit à l'ivrognerie. — 6. La qualité contraire. — 7. Avantages de la tempérance. — 8. Conclusion.

7. — Les grands-parents. — Votre grand-père a été dangereusement malade. — Ecrivez-lui pour lui témoigner votre joie de le savoir en convalescence.

PLAN. — 1. Comment vous avez appris sa maladie. — 2. Chagrin que vous avez éprouvé. — 3. Ce que votre grand-père a toujours été pour vous. — 4. Votre joie en apprenant qu'il est hors de danger. — 5. Bonnes vacances à passer ensemble : promenades, voyages, etc. — 6. Précautions à prendre pour assurer la guérison.

8. — L'école. — Pourquoi vous aimez l'école.

PLAN. — 1. Nécessité de l'instruction. — 2. Ce qu'on apprend en classe. — 3. Éducation : bonnes habitudes contractées. — 4. L'école est comme une grande famille où chacun travaille à devenir meilleur. — 5. Vivre avec ses camarades prépare à la vie sociale. — 6. Résolution : venons régulièrement en classe, et nous aimerons de plus en plus l'école.

9. — La reconnaissance. — Vous faites à votre ami Paul, momentanément absent de l'école, le compte rendu d'une leçon sur la reconnaissance.

PLAN. — 1. Personnes à qui nous devons de la reconnaissance : parents, maîtres, bienfaiteurs. — 2. Comment nous nous acquitterons de ce devoir. — 3. La Patrie n'a-t-elle pas droit à notre reconnaissance ? — 4. Comment la lui témoignerons-nous ? — 5. Vice opposé à la reconnaissance.

10. — Proverbe. — Montrez, au moyen d'une histoire que vous imaginerez, la vérité de ce proverbe : « Tant va la cruche à l'eau, qu'à la fin elle se casse. »

PLAN. — 1. Jardin du père Lesaulnier rempli des meilleurs fruits. — 2. Le voisin Auguste les lorgne d'un œil d'envie. — 3. A plusieurs reprises, il pénètre... — 4. Le propriétaire s'aperçoit que.. — 5. Il met un piège... où ? — 6. Le voleur y est pris. — 7. Délit constaté. — 8. Procès-verbal. — Amende. — 9. Auguste le voleur. — 10. Conclusion : Ceux qui font habituellement le mal en cachette finissent par...

11. — L'instruction. — Lettre à votre cousin Paul,

qui apprend le métier de menuisier à la ville voisine, pour l'engager à fréquenter les cours du soir.

PLAN. — 1. Nécessité pour chacun de perfectionner son instruction. — 2. Un ouvrier instruit est plus apte que tout autre à faire de bonne besogne. — 3. Conséquences au point de vue pécuniaire. — 4. Il comprend mieux ses devoirs de citoyen et de père de famille. — 5. Une bonne conduite et une instruction suffisante attirent l'estime générale. — 6. Conclusion : Vous espérez donc que votre frère...

12. — **Prudence et réflexion.** — Racontez un épisode de votre vie ou tel autre que vous imaginerez, et qui établira la vérité de cette maxime : « Il faut réfléchir avant d'agir. »

PLAN. — 1. Les leçons de l'expérience sont les...; mais elles coûtent parfois...; et il est toujours bon de s'en tenir, pour la conduite de la vie, aux... de nos parents et de nos maîtres. — 2. Il avait gelé depuis plusieurs jours. — 3. La glace paraissait... — 4. Vous avez voulu traverser la rivière. — 5. Arrivé au milieu... — 6. Bain froid. — 7. Retour à la maison. — 8. Fluxion de poitrine. — 9. Vos parents désolés. — 10. Frais de médecin. — 11. Une autre fois...

13. — **L'orgueil.** — Portrait d'un orgueilleux.

PLAN. — 1. Ce que Pierre se croit. — 2. Dans les rues. — 3. En classe. — 4. En récréation. — 5. De quoi il se vante auprès de ses camarades. — 6. Ce que ceux-ci pensent de lui. — 7. On le fuit. — 8. Conclusion : Gardons-nous... — L'orgueil est un...; la... est une vertu.

14. **Gourmandise et prodigalité.** — Votre ami Paul a reçu de son grand-père une certaine somme d'argent pour ses étrennes. — Il la gaspille en friandises. — Ecrivez-lui à ce sujet.

PLAN. — 1. Rappelez à Paul en quelle circonstance cette somme d'argent lui a été donnée. — 2. Usage qu'il en fait. — 3. Laideur de la gourmandise. — 4. A quoi conduit la prodigalité. — 5. Que penserait son grand-père s'il le savait enclin à ces vilains défauts. — 6. Conseil de placer au moins une partie de son argent à la caisse d'épargne scolaire. — 7. Donner quelques détails. — 8. Ce que vous faites de l'argent que vous remettent vos parents ou d'autres membres de votre famille.

15. — **Mauvaises compagnies**. — Imaginez un récit où vous montrerez les dangers que présentent les mauvaises compagnies.

PLAN. — 1. Pierre, fils d'un honnête et laborieux artisan, enfant bien élevé. — 2. Louis, son voisin, mauvais garnement : à quoi il passe son temps. — 3. Les deux enfants se rencontrent fréquemment. — 4. Recommandations faites à Pierre par ses parents. — 5. Pernicieuse influence de Louis. — 6. Peu à peu Pierre devient... — 7. Un jour il tombe d'un arbre... — 8. Une autre fois il est surpris par le garde champêtre, au moment où... — 9. Enfin en se baignant avec Louis, il est entraîné par le courant, et... — 10. Ces trois leçons suffisent : Résolution. — 11. A quoi peuvent conduire les mauvaises compagnies.

16. — **Travail et persévérance**. — Un de vos camarades, doué d'une intelligence vive et d'une excellente mémoire, pense que cela suffit pour faire de bonnes études. Détrompez-le en lui montrant la nécessité d'un travail persévérant.

PLAN. — 1. L'intelligence et la mémoire jouent un grand rôle dans l'instruction ; mais elles ne suffisent pas. — 2. Il faut l'amour du travail et la persévérance. — 3. En quoi consiste la persévérance. — 4. A quoi elle permet d'arriver. — 5. Exemples pris parmi les inventeurs célèbres : Palissy, Stephenson, Jacquard. — 6. Les commencements de l'étude sont difficiles. — 7. Ce qui arriverait sans la persévérance. — 8. Conclusion : Développons en nous...

17. — **Ordre et propreté**. — Racontez la journée d'une bonne ménagère.

PLAN. — 1. Elle se lève tôt. — 2. Pavé de la cuisine balayé et lavé ; — meubles époussetés. — 3. Préparation du déjeuner. — 4. Enfants levés, nettoyés et habillés pour se rendre en classe : leur bonne mine. — 5. Occupations de la journée : raccommodage du linge et des vêtements ; — entretien du mobilier ; — préparation des repas ; — table servie à l'heure exacte. — 6. La bonne ménagère ne s'occupe pas des affaires d'autrui : elle évite les cancans. — 7. Aussi tout le monde... — Son mari et ses enfants...

18. — **Prévoyance**. — Développer cette pensée : « On récolte ce qu'on a semé. »

PLAN. — 1. Sens littéral : Deux laboureurs ont choisi, l'un

une bonne semence, l'autre une semence mêlée de graines de mauvaises herbes. — 2. Qu'arrivera-t-il à la moisson? — 3. Au point de vue moral : ce qui attend l'homme qui dans sa jeunesse n'a pas cultivé ses bonnes qualités. — 4. L'écolier qui ne travaille pas en classe. — 5. Si nous voulons réussir dans la vie... — 6. Si nous voulons assurer le succès de nos études...

19. — Simplicité dans les goûts. — Votre ancien condisciple Emile vous écrit qu'il vient d'entrer chez un notaire en qualité de clerc. Il vante les avantages de cette position, et vous engage à chercher une place d'employé ou de commis, plutôt que d'être agriculteur, comme votre père. — Répondez-lui.

PLAN. — 1. Rappelez à Emile les principaux points de sa lettre. — 2. Vous regrettez de lui voir témoigner du mépris pour les professions manuelles. — 3. Souvenir des leçons de votre maître. — 4. Vous avez décidé d'être cultivateur. — 5. Avantages de cette profession : — Air pur. — Santé. — Liberté. — Aisance. — 6. Comparez le cultivateur au bureaucrate. — 7. Vous êtes certain d'avoir pris la bonne voie.

20. — La camaraderie. — Résumé d'une leçon faite en classe sur le choix des camarades.

PLAN. — 1. Qu'est-ce qu'un camarade ? — 2. Un bon camarade. — 3. A quoi on le reconnaît. — 4. Ce qu'il fait si on le contrarie. — 5. Cherche-t-il à vous plaire en tout? — 6. Défauts qu'il évite. — 7. Pourquoi vous voulez être un bon camarade. — 8. Que ferez-vous pour y arriver?

21. — Protection aux animaux. — Indiquer les principales raisons pour lesquelles nous devons protéger les animaux.

PLAN. — 1. Services que nous rendent la plupart des animaux. — 2. Citez-en quelques-uns : cheval, bœuf, mouton, chien, chat. — 3. Aliments qu'ils nous procurent. — 4. L'humanité nous fait un devoir de les protéger. — 5. Loi Grammont. — 6. Société protectrice des animaux.

22. — Le bon et le mauvais élève. — Faites le portrait du bon et du mauvais élève.

PLAN. — 1. Paul, douze ans, écolier actif, laborieux, fait ses devoirs et apprend ses leçons en temps convenable. — 2. Il ne

joue que lorsqu'il est en règle avec l'école. — 3. Résultats :
bonnes places en classe. —Satisfaction du maître et des parents,
— Connaissances acquises. — Obtiendra le certificat d'études.
— 4. Pierre, écolier dissipé, négligent, remet volontiers au lendemain l'étude des leçons, ne fait pas ses devoirs au moment
où il devrait s'en occuper, — ne pense qu'au jeu. — 5. Résultats:
— 6. Conclusion : Ne remettons pas au lendemain... et rappe-
lons-nous que sans travail...

23. — **Ne dénichons pas les oiseaux.** — Imaginez un récit dans lequel vous raconterez l'accident arrivé à Pierre, le dénicheur.

PLAN. — 1. Portrait de Pierre : visage, chevelure, vêtements. — Quand vient le printemps... — 3. Punitions méritées.
— 4. Nid placé au sommet d'un arbre. — 5. Pierre grimpe,
tombe et se casse la jambe. — 6. Ce qui eût pu lui arriver de
pire. — 7. Il reste longtemps dans son lit. — 8. Il ne recom-
mencera plus. — 9. Dénicher les oiseaux, c'est mal ; — pourquoi?
— et c'est souvent dangereux.

24. — **La désobéissance.** — Racontez à un de vos amis l'accident dont a failli être victime votre cama-rade Paul, pour avoir désobéi à ses parents.

PLAN. — 1. Paul aime les bains de rivière. — 2. Ce qu'il fait
à peu près chaque jour au sortir de l'école, malgré les recommandations de ses parents. — 3. Les bains froids sont excellents.
— 4. Dangers qu'ils présentent. — 5. Précautions à prendre. —
6. Paul va se baigner, accompagné d'un camarade. — Par bra-
vade, il s'avance... — 8. Ce qui arrive. — 9. Que fait son camarade ? — 10. Paul est sauvé, grâce... — 11. Ce qu'on dut faire
pour le rappeler à la vie. — 12. Il s'est bien promis de ne plus...

25. — **Il faut se rendre utile à la maison.** — Votre père vient de tomber dangereusement malade. — Vous avez treize ans. — Ecrivez à votre instituteur pour l'informer que vous quittez momentanément l'école, afin d'aider votre frère dans les travaux des champs.

PLAN. — 1. Maladie du père. — 2. Travaux agricoles sus-
pendus. — 3. La moisson va s'ouvrir. — 4. Votre frère aîné
ne pourrait suffire à la tâche. — 5. Regret d'être obligé de
quitter l'école jusqu'aux prochaines vacances. — 6. Retour en
classe à la rentrée d'octobre.

26. — Probité. — Si vous trouviez un porte-monnaie, qu'en feriez-vous?

PLAN. — 1. Supposition. — 2. Quel serait peut-être votre premier mouvement? — 3. Après une courte réflexion, et vous rappelant les leçons de votre maître, que feriez-vous? — 4. Pourquoi? — le porte-monnaie n'est pas à vous; — peut-être appartient il à... — 5 Quel qu'en soit le propriétaire, et quelque minime que soit la somme qu'il renferme, la probité vous fait un devoir de..., afin que... — 6. Ce que vous feriez si l'on vous offrait une récompense.

27. — Bienfaisance. — Un incendie vient de détruire la maison d'un brave ouvrier, père d'une nombreuse famille. — Une collecte a été organisée dans votre village. — Vous écrivez à votre ami Paul pour le prier de coopérer à cette bonne œuvre.

PLAN. — 1. L'incendie. — 2. Situation malheureuse de la famille. — 3. Des personnes charitables ont ouvert une souscription en sa faveur. — 4. Vos camarades et vous y avez pris part. — 5. Paul n'hésitera pas. — 6. Vous le remerciez à l'avance. — 7. Aimons-nous, aidons-nous les uns les autres.

28. — Economie. — Votre frère ainé fait son apprentissage de charron à la ville voisine. — Il est nourri et logé chez son patron; en outre, il gagne par mois une somme plus que suffisante pour subvenir à ses autres frais. — Cependant ses demandes d'argent à la maison deviennent de plus en plus fréquentes. — Ecrivez-lui à ce sujet.

PLAN. — 1. Rappel de la dernière demande d'argent. — 2 Peine que cela cause à vos parents. — 3. Votre père est lui-même ouvrier, et son travail suffit à peine... — 4. Il lui est désormais impossible de... — 5. Votre mère se désole, craignant que... — 6. Chacun se demande à quoi tu peux dépenser l'argent que tu gagnes. — 7. Tu es jeune encore: prends garde. — 8 Contracte plutôt des habitudes d'économie. — 9. Pourquoi? — 10. Vous espérez que... — 11. Joie des parents s'ils te savaient laborieux et économe.

29. — La délation. — Lettre à un de vos camarades qui a la mauvaise habitude de rapporter au maître les moindres fautes commises par ses condisciples.

PLAN. — 1. Vous apprenez avec peine que... — 2. Conséquences de cette manière d'agir. — 3. Dans quelle intention rapporter? — 4. Le rapporteur ne saurait avoir l'estime de son maître. — 5. Ses camarades le fuient. — 6. Circonstances dans lesquelles il est permis et même commandé de dénoncer le mal. — 7. Conclusion : Ne pas rapporter sans y être invité par le maître, et sans qu'il y ait nécessité de le faire.

30. — Travailler est un plaisir. — Votre ami Ernest vous disait l'autre jour, dans un mouvement de mauvaise humeur : « Qu'il est donc ennuyeux de travailler ! » Démontrez-lui que le travail peut devenir un plaisir.

PLAN. — 1. Rappel du propos tenu par Ernest. — 2. Vous ne pensez pas qu'il l'ait tenu sérieusement. — 3. Ernest travaille en classe. — 4. Les devoirs sont parfois difficiles, les leçons un peu longues. — 5. Avec de la bonne volonté, on arrive cependant... — 6. Mettons de l'ordre et de la variété dans nos occupations. — 7. Appliquons-nous, en songeant que le travail ennoblit l'homme et assure le développement de ses facultés. — 8. Triompher des difficultés est une véritable jouissance. — 9. Contractons la bonne habitude du travail, car...

31. — La bonne éducation. — Portrait de l'enfant bien élevé.

PLAN. — 1. Paul est un enfant bien élevé. — 2. Son langage, ses manières sont simples et sans prétention. — 3. Il n'est pas égoïste, et sait se gêner pour autrui. — 4. Comment il se conduit dans sa famille ? — 5. A table : sobriété, propreté, bonne tenue. — 6. Avec ses condisciples : complaisance, douceur, patience. — 7. En voiture, en chemin de fer : laisse la meilleure place aux grandes personnes. — 8. En société : ne parle pas inutilement, ne se rend pas indiscret. — 9. L'enfant bien élevé est... de tout le monde.

32. — Le prix du temps. — Lettre à un de vos camarades qui gaspille son temps.

PLAN. — 1. Paul n'est pas précisément un paresseux. — 2. Mais il paraît manquer d'ordre dans la distribution de son temps. — 3. Le temps est la chose la plus précieuse : c'est l'étoffe... — 4. Nous n'avons donc pas le droit de... — 5. Comment l'emploierons-nous ? — 6. Sans doute, on ne peut pas toujours travailler. — 7. Utilité des récréations. — 8. N'en pas abuser. — 9. Ce que la Patrie attend de nous. — 10. Conclusion : Ne nous abandonnons pas à...; mais plutôt employons utilement..., et n'en laissons perdre...

33. — **La poltronnerie.** — Portrait de l'enfant poltron.

PLAN. — 1. Georges est un enfant poltron. — 2. Il n'ose sortir le soir. — 3. Le moindre danger l'épouvante. — 4. Il croit aux revenants, aux sorciers. — 5. Il hésite des journées entières pour se faire ôter une dent — 6. Il a peur des chiens. — 7. Ses camarades rient de lui et lui jouent toutes sortes de mauvais tours. — 8. Que fera-t-il quand il sera soldat ? — 9. Conclusion : montrons-nous courageux en toute circonstance.

34. — **Les bonnes habitudes.** — Pourquoi nous devons contracter de bonnes habitudes.

PLAN. — 1. Importance des habitudes au point de vue physique : la marche, la course, les jeux, la gymnastique, le travail manuel font acquérir au corps force, agilité, adresse. — 2. Par la lecture, l'étude, le travail persévérant, notre esprit se meuble de connaissances utiles. — 3. La vertu n'est qu'une longue habitude du bien. — 4. Contractons de bonnes habitudes ; elles assurent le bonheur de la vie.

35. — **Proverbe.** — Montrez par des exemples la vérité de ce proverbe : Qui trop embrasse mal étreint.

PLAN. — 1. Enfant ramassant des épis pour en faire une gerbe : il en prend trop pour la longueur de ses bras ; tous les épis retombent sur le sol. — 2. Réflexion : Que d'hommes échouent dans la vie pour avoir entrepris plus que ne le permettaient leurs ressources ! — 3. Un industriel possédant une moyenne fortune fait construire une vaste usine ; il ne lui reste que peu de fonds pour... — et il arrive que... — 4. Un agriculteur n'ayant que des ressources restreintes achète une grande propriété ; — il ne peut la faire valoir ; — il échoue. — 5. Fait historique : Napoléon a voulu soutenir la lutte contre l'Europe coalisée. — Ce qui en est résulté pour lui-même et pour la France.

36. — **L'inexactitude.** — Faire ressortir les inconvénients de l'inexactitude : 1° pour l'écolier ; 2° pour l'homme dans les différentes situations de la vie.

PLAN. — 1. Gaston a la mauvaise habitude d'arriver en retard à l'école. — 2. Ce qu'il fait à la maison. — En chemin. — 3. La classe est commencée quand il arrive. — 4. Désordre et mauvais exemple. — 5. Leçons peu sues : punitions, retenues. — 6. Résultat final : ignorance. — 7. Gaston apprenti, — puis ouvrier. — 8. Il reste ce qu'il était dans son enfance : renvoi de l'atelier ou de l'usine. — 9. Gaston soldat ne rentre pas à l'heure réglementaire : salle de police, etc. — 10. Marchand, il manquera d'exactitude dans le règlement de ses comptes ; départ de la clientèle, ruine à peu près certaine. — 11. Conclusion : habituons-nous à l'exactitude, une des conditions de ..

37. — Ne tourmentons pas les animaux. — Votre jeune frère se plaît à tourmenter les animaux. — Recommandez-lui de se corriger de ce vilain défaut.

PLAN. — 1. Objet de votre lettre. — 2. Ce que vous avez plusieurs fois remarqué. — 3. C'est très mal. — 4. Les animaux ressentent comme nous la douleur. — 5. Aimerais-tu qu'on te fît souffrir ? — 6. L'habitude de la cruauté envers les animaux dispose à ... — 7. L'humanité nous fait d'ailleurs un devoir de.... — 8. Corrige-toi au plus tôt, si tu veux conserver...

38. — Un filleul à son parrain — Vous avez reçu de votre parrain, pour vos étrennes, un porte-plume d'argent, un beau sous-main, un joli canif et une boîte de compas. — Ecrivez-lui une lettre de remerciements.

(**PLAN.** — 1. Vous voulez essayer votre porte-plume et votre sous-main pour remercier ce bon parrain. — 2. Joie que vous éprouvez. — 3. Sentiment de reconnaissance. — 4. Ce que vous rappelleront ces objets utiles. — 5. Description de l'intérieur du sous-main. — 6 Le canif : à quoi il vous servira. — 7. La boîte de compas : soin que vous en aurez. — 8. Le dessin, connaissance très utile — 9. Vous travaillerez avec ardeur, non seulement pour être utile à vous-même, mais pour... — 10. Bons souhaits, en attendant que vous puissiez aller...

39. — Les bons livres. — De la lecture des bons livres. — Plaisirs et avantages qu'elle procure.

PLAN. — 1. Votre école possède une bibliothèque. — 2. Quels ouvrages la composent. — 3. Tous les ans elle s'augmente de nouveaux volumes. — 4. Recommandations de votre maître. — 5. Comment vous passez les soirées d'hiver. — 6. Lectures en famille. — 7. Comment il faut lire. — 8. Résumés faits de vive voix. — 9. Profit que vous avez déjà retiré de vos lectures : histoire, géographie, agriculture, industrie, etc. — 10. Conclusion : ne lisons que de bons livres.

40.—La franchise est un devoir.—Vous êtes entré

dans la classe pendant la récréation et avez caché le
canif d'un de vos camarades. — L'instituteur, informé
du fait, veut connaître le coupable. — Vous n'osez
avouer que c'est vous. — Toute la classe est punie. —
De retour chez vos parents, vous écrivez à votre
maître.

PLAN. — 1. Rappel sommaire des faits. — 2. Aveu de votre
faute. — 3. Vous vous en repentez, et demandez pour vous une
punition méritée. — 4. Vous priez M. l'instituteur de lever la
punition générale. — 5. Demain, vous remettrez publiquement,
si on le désire, le canif à son propriétaire. — 6. Promesse de ne
plus jamais dissimuler, si vous avez le malheur de commettre
une faute.

PENSÉES MORALES

---

1. — L'attention et la réflexion sont à l'intelligence ce que le travail du corps est au physique.

2. — On acquiert les connaissances par l'attention, et le bon sens par la réflexion.

3. — On doit s'instruire pour devenir meilleur et travailler au bonheur des autres.

4. — L'ignorant joue toute sa vie, parmi ses semblables, le rôle d'un enfant.

5. Un esprit attentif a plus de puissance que vingt esprits distraits.

6. — Notre esprit est semblable à un champ fertile; confions-lui des idées comme autant de semences fécondes qui rapporteront plus qu'elles n'ont coûté.

7. — Un homme sans moralité et sans instruction n'est pas l'égal d'un homme moral et instruit, mais il aurait pu l'être.

8. — Parler, c'est dépenser ; écouter, c'est acquérir.

9. — Une bonne éducation remplit l'âme de pensées utiles et de sentiments élevés.

10. — Il faut charger sa mémoire de pensées morales; elles servent de lest dans le cours de la vie.

11. — Un bon livre est une bonne compagnie.

12. — Un pays qui croupit dans l'ignorance est

comme ces mares où fourmillent des reptiles dangereux.

13. — L'art d'écouter équivaut presque à celui de bien dire.

14. — L'ignorance et l'opiniâtreté se tiennent par la main.

15. — Le plus riche des hommes est celui dont l'âme est le mieux remplie de bons sentiments et l'esprit de bonnes pensées.

16. — La raison et la santé, le savoir et la vertu sont les vrais trésors de l'homme.

17. — Recherchez les personnes dont la conversation vaut un bon livre, et les livres dont la lecture vaut la conversation des personnes sages.

18. — Tous les talents ne valent pas une vertu.

19. — Étudiez, non pour savoir plus, non pour savoir mieux que les autres, mais tout simplement pour savoir bien.

20. — Il faut apprendre ce qui nous ennuie pour parvenir à ce que nous voudrions savoir.

21. — L'attention est la plus importante des facultés intellectuelles; c'est elle qui donne la vie aux autres, et sans elle l'intelligence est impuissante.

22. — A voir avec quel empressement on donne tort aux malheureux, on dirait que le blâme dispense de la pitié.

23. — On met à l'abri des coups du sort le bien que l'on donne aux pauvres.

24. — La vengeance est la volupté d'une âme petite et basse.

25. — La compassion qui accompagne l'aumône est un don plus grand que l'aumône même.

26. — Oublie les injures, jamais les bienfaits.

27. — Les flammes de la charité sèchent les larmes de la douleur.

28. — Ne faisons pas seulement l'aumône, faisons aussi la charité.

29. — Voulons-nous savoir comment il faut donner? mettons-nous à la place de celui qui reçoit.

30. — Conduisons-nous envers nos ennemis comme s'ils devaient être un jour nos amis.

31. — C'est faire un double don à celui qui est dans le besoin que de lui donner sans qu'il demande.

32. — Un don intéressé s'exclut du nombre des bienfaits.

33. — Qui n'est pas généreux est tout près d'être injuste.

34. — On peut s'élever au-dessus de ceux qui insultent en leur pardonnant.

35. — Ce n'est point assez de pardonner les offenses, il faut les oublier.

36. — Quand on oblige, il ne faut jamais s'attendre à être payé de retour.

37. — Il n'est permis de prendre sa revanche qu'en bienfaits.

38. — Ecrivez les injures sur le sable, gravez les bienfaits sur le marbre.

39. — Etre utile est une obligation que l'homme contracte en naissant et dont la mort même ne l'acquitte pas.

40. — Un dévouement qui profite ressemble trop à un bénéfice pour qu'un homme sage le prenne au sérieux.

41. — Notre plus belle gloire et nos plus belles richesses, c'est le bien que nous avons fait à nos semblables.

42. — Pour être vraiment grand, il ne suffit pas d'être puissant, il faut employer sa puissance à faire le bien.

43. — Celui qui ne discerne pas la part du pauvre dans la fortune qui lui arrive est ingrat envers Dieu : la dureté du riche est une impiété.

44. — Ayez, pour les affligés, de ces paroles de l'âme qui tempèrent l'amertume des pleurs.

45. — C'est se rendre complice d'une impertinence que d'en rire.

46. — La politesse est comme l'eau courante, qui rend unis et lisses les plus durs cailloux.

47. — La curiosité est le défaut des enfants qui ne savent rien, et des sots, qui s'occupent des sottises d'autrui.

48. — Une déférence respectueuse pour nos supérieurs, une honnête complaisance pour nos égaux, une douce affabilité pour nos inférieurs, concourent à l'agrément de la vie.

49. Il est impossible de faire du mal à autrui sans se faire du mal à soi-même.

50. — Savoir se gêner est une des premières choses qu'on doive apprendre, parce qu'il n'est ni rang ni état dans la vie où il ne faille se gêner.

51. — Toute la morale sociale est résumée dans ces deux vertus : la justice, qui s'abstient du mal, et la charité, qui fait le bien.

52. — N'excusons jamais l'injustice en prétendant qu'elle était utile : il n'y a de vraiment utile que ce qui est bon et juste.

53. — C'est le rôle d'un sot d'être importun ; un homme habile sent s'il convient ou s'il ennuie.

54. — L'esclave n'a qu'un maître : l'ambitieux en a autant qu'il y a de gens utiles à sa fortune.

55. — Si l'homme était fait pour l'esclavage, le Créateur en eût fait une brute et non un être pensant.

56. — La liberté est donnée à l'homme pour lui laisser le mérite de la vertu.

57. — L'abandon dans la vieillesse est le sort de l'égoïste.

58. — Un cœur égoïste ne peut échapper au tourment de l'envie.

59. — La première et la plus rare des qualités sociales est l'abnégation de soi-même.

60. — N'acceptons pas les services d'un méchant ; il y mettrait un trop grand prix.

61. — Le premier pas vers le bien est de ne pas faire le mal.

62. — La nature nous a donné deux oreilles et une seule bouche pour nous apprendre qu'il faut plus écouter que parler.

63. — Rien de plus habile qu'une conduite irréprochable.

64. — Il faut toujours penser ce que l'on dit, mais il ne faut pas toujours dire ce que l'on pense.

65. — L'homme raisonnable pense avant d'agir ; l'étourdi agit avant d'avoir pensé.

66. — Le sage fait son profit des défauts des autres et se corrige des siens.

67. — Qui commence le mieux ne fait rien s'il n'achève.

68. — Tout le mal qu'on ne peut éviter est allégé par la patience.

69. — On perd, à se désespérer d'un mal, plus de temps qu'il n'en faudrait pour y remédier.

70. — Notre impatience nous cause souvent plus de mal que ce dont nous avons à nous plaindre.

71. — Les efforts courageux que l'on fait en luttant contre le sort distraient de la douleur.

72. — En faisant tous les jours régulièrement un peu, on parvient à faire beaucoup.

73. — Celui qui a le courage de réparer ses fautes n'en fait pas longtemps.

74. — Pierre qui roule n'amasse pas mousse.

75. — Ayons la vertu de l'attention, et nous mettrons à profit le présent; ayons de la mémoire, et nous mettrons à profit le passé; ayons de 'a prévoyance, et nous serons certains de l'avenir.

76. — Il faut être ferme dans ses décisions, mais seulement dans celles qui sont raisonnables.

77. — Il est plus facile de réprimer sa première fantaisie que de satisfaire celles qui viennent ensuite.

78. — Patience et longueur de temps
Font plus que force ni que rage.

79. — Celui qui abuse de tout s'expose à ne pouvoir user de rien.

80. — Les plaisirs honteux coûtent toujours plus cher que les amusements des honnêtes gens.

81. — Celui qui met son application à s'amuser toujours s'expose à s'ennuyer longtemps.

82. — En courant après l'esprit, on attrape la sottise; en courant après le plaisir, on attrape la douleur.

83. — Tant va la cruche à l'eau qu'à la fin elle se casse.

84. — Celui qui se manque de respect donne aux autres la hardiesse de lui en manquer.

85. — Surveillons nos habitudes; les liens dont elles entourent s'attachent à l'âme et ne se rompent jamais.

86. — Pour commander aux autres, il faut savoir se gouverner soi-même.

87. — Les plaisirs sont comme les aliments ; les plus sains sont les meilleurs.

88. — On se repent rarement de parler peu, très souvent de trop parler.

89. — La colère peut être quelquefois excusable, la rancune ne l'est jamais.

90. — Tout s'acquiert par l'exercice, même la vertu.

91. — Ce que l'on ôte à ses nuits, on l'ajoute à ses jours.

92. — Les sciences ont des racines amères, mais les fruits en sont doux.

93. — Celui qui hait le travail n'a assez ni de soi ni des autres.

94. — Rien n'assure mieux le repos du cœur que le travail de l'esprit.

95. — La nature nous a fait un besoin de l'occupation ; la société nous en fait un devoir ; l'habitude nous en fait un plaisir.

96. — La paresse chemine si lentement que la pauvreté l'a bientôt atteinte.

97. — L'instruction est un trésor : le travail en est la clef.

98. — Le travail écarte l'ennui, le vice et la misère.

99. — Il faut entretenir la vigueur du corps pour conserver celle de l'esprit.

100. — Il n'y a rien, à la longue, de plus fatigant que l'oisiveté.

101. — Les fainéants savent toujours l'heure qu'il est.

102. — Quiconque à vingt ans ne sait rien, ne travaille pas à trente, n'a rien acquis à quarante, ne saura, ne fera et n'aura jamais rien.

103. — Les journées laborieuses donnent des nuits tranquilles.

104. — La faim regarde à la porte de l'homme laborieux, mais elle n'ose pas entrer.

105. — Celui qui aime le travail trouve son plaisir toujours prêt.

106. — Le travail manuel a pour cortège l'appétit, la santé, le calme et le sommeil.

107. — Si la vie de tant d'hommes est sans résultats utiles, on doit l'attribuer beaucoup plus à leur inapplication qu'au défaut de capacité.

108. — Vivre sans rien faire est le signe, non de la supériorité de fortune, mais de l'infériorité de capacité et d'éducation.

109. — L'homme oisif est comme l'eau qui dort, il se corrompt.

110. — L'enfant qui, par son travail, se rend utile à sa famille et à ses semblables, est déjà un homme : et l'homme qui, par sa paresse, se rend inutile à tout le monde, n'est encore qu'un enfant.

111. — Le jeu est le plaisir d'un moment, le travail prépare le bonheur de la vie.

112. — La paresse amène la misère, la misère amène la mendicité, et la mendicité ne se contente pas toujours de demander, elle prend.

113. — La jeunesse est le temps des semailles, c'est alors qu'il faut poser les bases du bien-être à venir.

114. — L'homme industrieux ne trouve que des difficultés ; l'homme incapable, des impossibilités.

115. — Le seul acte de la vie de l'homme qui

atteigne toujours son but, c'est l'accomplissement du devoir.

116. — Les jouissances intérieures de la vertu sont préférables à tous les avantages de l'égoïsme.

117. — Les bons et les méchants poursuivent également le bonheur : les premiers seuls l'atteignent.

118. — Le châtiment entre dans le cœur de l'homme à l'instant où il commet le crime.

119. — La voix de la conscience est si claire qu'il est impossible de ne pas l'entendre.

120. — Il faut se faire un plaisir de son devoir.

121. — L'athéisme est une méprise de l'orgueil : il est plus honorable de devoir l'existence à un Dieu qu'à la vile matière.

122. — La conscience nous avertit en ami avant de nous punir en juge.

123. — Une bonne conscience est le meilleur des oreillers.

124. — La voix d'une bonne conscience est plus agréable que les cent voix de la Renommée.

125. — Le goût qu'on a pour le vicieux n'est autre chose qu'un penchant au mal.

126. — La vertu ne réside pas seulement dans les actes, mais surtout dans les intentions secrètes qui ont inspiré les actions.

127. — Respectons en nous la dignité humaine : ne soyons ni parasites, ni flatteurs, ni mendiants.

128. — La bonne conscience cherche le jour et les regards; le méchant a peur des ténèbres mêmes.

129. — Il n'y a pas de moyen plus sûr de gagner l'affection des autres que de leur donner la sienne.

130. — La cruauté qu'on exerce envers les

animaux n'en est que l'apprentissage envers les hommes.

131. — Tous les hommes ne peuvent être grands : tous peuvent être bons.

132. — Personne n'est content de ceux qui ne sont contents de personne.

133. — Il vaut mieux se faire aimer que se faire craindre.

134. — Quand on est avec un ami, l'on n'est pas seul et l'on n'est pas deux.

135. — Il n'est pas de fonds qui rapporte plus d'amis que la franchise et la bonté.

136. — L'affabilité est toujours l'effet et la preuve d'un bon cœur, et c'est la vertu la plus propre à nous concilier l'affection d'autrui.

137. — L'ami qui fait le moins de bruit est souvent le plus utile.

138. — Il ne faut avoir pour un ami rien de caché que le secret d'un autre ami.

139. — On ne peut faire du bien à tout le monde, mais on peut toujours témoigner de la bonté.

140. — L'homme bon tire de son cœur et non de sa bourse le bien qu'il fait.

141. — La bonté ne doit jamais empêcher d'être juste, car alors on commettrait une mauvaise action.

142. — Il y a plus d'honneur et de profit à vivre en bon accord avec ses voisins qu'à gagner vingt procès.

143. — Le mal a des ailes et le bien marche à pas de tortue.

144. — On peut guérir d'un coup d'épée, mais rarement d'un coup de langue.

145. — Il faut mépriser la médisance et craindre de la mériter.

146. — La médisance et la calomnie nuisent à ceux qui les écoutent.

147. — La médisance est un orgueil secret qui nous découvre la paille dans l'œil de notre frère et nous cache la poutre qui est dans le nôtre.

148. — C'est un vice de plus dans le méchant que l'apparence de la vertu.

149. — Nous n'imputons nos malheurs à la fortune que pour nous éviter le blâme de nous les être attirés.

150. — Le mensonge est tellement reconnu pour un vice, que ceux qui aiment le plus à mentir le condamnent.

151. — Convenir de ses torts, c'est commencer à en avoir moins.

152. — En ne disant que la vérité, nous éviterons les embarras que suscite le mensonge.

153. — Si nous ne nous flattions pas nous-mêmes, la flatterie des autres ne pourrait nous nuire.

154. — Il faut bonne mémoire une fois qu'on a menti.

155. — La flatterie est une mine que creuse le vice pour faire écrouler la vertu.

156. — On n'est jamais si aisément trompé que quand on songe à tromper les autres.

157. — Le mensonge décèle une âme faible, un esprit sans ressources, un caractère vicieux.

158. — L'aveu d'une faute n'est pas une faiblesse, mais une force.

159. — Il en est du mensonge comme d'une plaie, qui laisse une cicatrice après elle.

160. —: L'hypocrisie feint la modestie et s'enivre de son mérite.

161. — Ceux qui croient que l'argent fait tout sont sujets à tout faire pour de l'argent.

162. — Quiconque viole un contrat dégage celui qui l'avait souscrit avec lui.

163. — Il faut être esclave de ses engagements ou renoncer à tout crédit.

164. — On se repent à loisir des engagements faits à la hâte.

165. — Si l'on n'est pas toujours maître de tenir sa promesse, on l'est presque toujours de n'en pas faire.

166. — L'improbité donne à celui qu'elle domine le remords, l'inquiétude et souvent l'ignominie.

167. — L'arrogance est le déguisement de la bassesse.

168. — Faire grand bruit d'un petit succès, c'est avouer sa faiblesse.

169. — Prenons pour nous les conseils que nous donnons aux autres.

170. — La vanité, qui nous défend de rien admirer, nous prive de beaucoup de jouissances.

171. — Une once de vanité gâte un quintal de mérite.

172. — Là fierté n'est légitime qu'à la condition d'avoir pour compagne la douceur, qui la modère, l'empêche d'être injuste et de dégénérer en orgueil.

173. — La modestie est au mérite ce que les ombres sont aux figures dans un tableau; elle lui donne de la force et du relief.

174. — Celui qui se fait ver peut-il se plaindre d'être écrasé ?

175. — La fierté ne demande qu'à ne pas être opprimée ; l'orgueil veut opprimer les autres.

176. — Les succès de l'étude n'égarent que les petites âmes, qui de l'ignorance passent à la vanité et de la vanité à l'orgueil.

177. — Le langage le plus insupportable est le langage prétentieux : parler comme un livre, c'est parler comme un sot.

178. — L'avare ne possède pas son bien ; c'est son bien qui le possède.

179. — Ce qui est inutile est toujours trop cher.

180. — Ce que l'on dépense follement se change en repentirs ; ce que l'on donne sagement se change en jouissanc s.

181. — La bonne économie tient le milieu entre l'avarice et la prodigalité.

182. — L'économie est la mère de la libéralité.

183. — Il n'y a pas de gain plus sûr que celui de l'économie.

184. — L'ambitieux et l'avare languissent dans une extrême pauvreté.

185. — Soyons économes : le manque d'argent cause souvent le manque de probité.

186. — Celui qui achète le superflu sera bientôt obligé de vendre le nécessaire.

187. — L'avarice et la prodigalité se réduisent toutes deux à la misère.

188. — Celui qui brûle son huile dans le jour n'aura pas de lampe pour la nuit.

189. — N'apprenons pas seulement comment on gagne, sachons aussi comment on ménage.

190. — L'amour du travail est une vertu incomplète sans la prévoyance, qui engendre l'épargne.

4***

191. — Il ne faut pas aimer l'argent pour lui-même, mais l'acquérir ou le recevoir comme un moyen d'être utile à soi-même et aux autres.

192. — L'économie et l'épargne ne sont pas seulement un devoir de prudence, mais encore un devoir de dignité.

193. — Les fous donnent les festins et les sages les mangent.

194. — Les étoffes de soie éteignent le feu dans la cuisine.

195. — Envier quelqu'un, c'est s'avouer son inférieur.

196. — Celui qui n'a aucune vertu porte toujours envie à celle des autres.

197. — Le silence de l'envie équivaut à un éloge.

198. — La jalousie est un hommage maladroit que l'infériorité rend au mérite.

199. — L'envieux se trahit lui-même par les conseils qu'il donne.

200. — Quand vous êtes malheureux, ne soyez pas jaloux du bonheur des autres : on ne se guérit pas d'une maladie en souhaitant la même maladie à son voisin.

201. — N'enviez pas la fortune du riche : s'il y a des biens acquis injustement, la plupart des richesses sont le fruit légitime du travail et de l'économie.

202. — Un bienfait est une chaîne délicate qui lie notre cœur.

203. — L'ingrat cherche des torts à ses bienfaiteurs et double les siens.

204. — Il vaut mieux s'exposer à l'ingratitude que manquer aux malheureux.

205. — On est bien près de l'ingratitude lorsqu'on pèse un bienfait.

206. — L'homme reconnaissant devient facilement bienfaiteur ; l'ingrat prétexte l'ingratitude.

207. — Les bienfaits ne se paient noblement que par une vive reconnaissance.

208. — Dans la vieillesse de vos parents, souvenez-vous de votre enfance.

209. — Il vaut mieux garder son secret que de le donner à garder aux autres.

210. — Un propos indiscret ne doit point se retenir.

211. — Le désordre déjeune avec l'abondance, dine avec la pauvreté, soupe avec la misère et va se coucher avec la mort.

212. — Ne point mettre d'ordre dans ses occupations, c'est gaspiller la vie.

213. — Il ne faut jamais remettre au lendemain ce qu'on peut faire le jour même.

214. — L'ordre agrandit l'espace et multiplie le temps.

215. — L'art de dépenser utilement n'est pas moins difficile que l'art de bien travailler.

216. — C'est une véritable perte qu'un gain fait aux dépens de sa réputation.

TABLE DES MATIÈRES

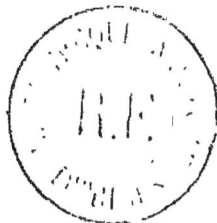

Imp. J. Winling, Charleville.